新規顧客が勝手にあつまる

販促の設計図

「営業スタッフを使わない」「下請けもやらない」
中小企業が売上を伸ばすための法則

中野道良

SHOEISHA

下請けをしない。営業はいない。
でも自動的に、お客様が集まる秘密とは?

　この本を手にとっていただき、ありがとうございます!

　僕は中小企業の社長です。社員数は10数名で売上は2億円ほど。法人を顧客として、パンフレットやホームページなどの制作を請け負う、広告制作プロダクションです。「出版不況」「ペーパーレス」により、印刷媒体の制作物は減少の一途をたどり、倒産する会社が続出。一方、ホームページの制作会社は個人事業主をふくめ、全国に1万社あるともいわれ、各社が受注を競い合う市場。まさしく典型的な「レッドオーシャン」です。

　そんななか、当社がほぼ毎年、増収増益をつづけているのには理由があります。理由のひとつは、「下請けをしない」こと。上場企業、中堅の非上場企業を中心に、クライアントとは100%直販で取引しています。利益率が高まるのはもちろん、お客様にとっては、高品質な制作物を適正価格で手に入れることができるため、結果としてリピート発注が増え、安定的な売上を実現しています。

　そして、ふたつ目の理由は、「営業がいない」こと。自動的に、新規のお客様が手を挙げてくれる仕組みがあるため、営業部門が存在しません。販管費の削減につながるため、浮いた予算を広告宣伝などマーケティングに投資することができます。

「でも、下請けをやめると仕事が減ってしまうのでは?」
「営業がいなくて、新規の顧客を開拓できるのか?」

　そう思われた方もいるかも知れません。でも大丈夫!その理由は、人脈も乏しく、営業なんてやったことがない、僕にもできたからです。

孫請け会社の倒産を機に、
「下請けはしない」と決めて起業。

　僕は東京の私立大学を卒業後、印刷会社に勤めました。と、いっても営業ではありません。印刷工場に配属され、製版といわれる印刷用フィルムをつくる現場の仕事です。そこでグラフィックデザイナーという職業を知りました。そこで、デザイナーをめざそうと一念発起。印刷会社には丸2年間務めて退職し、フリーターをしながらデザイン専門学校に通学することに。未経験のため、転職にはずいぶん苦労しましたが、たまたま知り合ったフリーランスのデザイナーが法人化するというので、月給12万円で雇ってもらいました。26歳のときです。

　この会社では、10年ほど在職し、本当にたくさんのことを学びました。

　ほとんどが下請けの仕事です。下請けならいいほうで、孫請け、三次請けのときもありました。時代は平成デフレ。毎年、予算を削られる。夕方に呼び出されて、「翌日の朝までに修正してもらいたい」というムチャクチャなスケジュール。もちろんですが、たとえ良い仕事をしても、下請けのデザイナーがクライアントから評価されることはありません。

「このまま下請けをつづけていても、未来はないよなぁ…」

　そんなことを考えながら、忙しい日々を過ごしていました。
　ところが、ある日のこと。仕事を発注してくれていた、孫請けの編集プロダクションからの入金が途絶えたんです。
　その会社も資金繰りが苦しかったのだと思います。そのあおりを受けて、僕が勤務する三次請けの会社は倒産寸前に……。悪いことは重なるもので、心労がたたったのか、社長は、くも膜下出血で入院してしまいます。その後、孫請けの会社は倒産。ナンバー2の僕は資金繰りに奔走し、元請けの会社に何度も足を運び、ギリギリで会社は持ち直すことができたのでした。

　この経験で、将来への大きな決断を下すことができました。
「下請けはぜったいにしない。右から左へ仕事を流すだけの営業はいらない！」

そう自分に約束し、起業してつくったのが今の会社です。

年間40万円ほどの広告費を投じて、
7年で3億円を超える売上を達成!

起業する前、一つだけ大きな心配事がありました。

「下請けをしないで、取引先を見つけることができるだろうか?」

いくら仕事ができる人でも、お客様を見つけることができなければ、売上は
生まれません。僕は仕事の質には自信がありましたが、会社を興したばかりの
者に、簡単に仕事を発注してくれる会社を見つける自信は、さすがにありませ
んでした。

もちろん、営業などやったこともないし、口下手で話すのは苦手なほう……。
しかし、そんなタイプの人にこそ、最適な方法があると知りました。その方法
とは、ダイレクトレスポンスマーケティングです。

ダイレクトレスポンスマーケティングとは、ひと言でいうと、「広告宣伝を通
じて、お客様のほうから手を挙げてもらう」技術のこと。強引な売り込みをす
ることもありません。たとえば、最もなじみのある媒体には、テレビ通販があ
ります。

一般的には一般消費者むけ、つまりB2Cが中心ですが、僕はこれをB2Bに
応用してみようと考えました。起業した2005年当時、すでに一部のB2B企業
では取り組みが始まっていましたが、あくまで少数派。法人営業ではテレアポ
や展示会・セミナーなどが主流で、特にWebマーケティングに注力するB2B
企業は多くありませんでした。

当社は中小企業ながら、営業マンを雇う人件費並みの予算を、すべてマーケ
ティングに投資してきました。ゆうに、1億円以上は費やしてきたはずです。も
ちろん、たくさんの失敗も経験しました。広告会社の営業マンに勧められ、60
万円をかけた新聞広告の反響はゼロ……。FAXDMを送ってみたものの、「紙が
もったいないから、やめてくれ!」と叱られる。テレアポもやりましたが、ス

トレス耐性の弱い自分には無理だと、すぐにやめてしまいました。一方、大成功をおさめたアイデアもあります。

　この著書では、そのなかから最も効果が出た「6つの手法」と、その運用のコツを余すところなく公開しようと思います。

　例えば、「リスティング広告」という手法があります（Chapter 5 を参照）。当社のある商品は、年間40万円ほどの広告費で、約7年で累計3億円以上の売上を達成しました。この商品は継続性が高いため、新たな顧客との取引が始まるたび、年間の売上が積み上がります。品質の維持・向上ができれば、大げさにいえば未来永劫、売上を生みつづけます。

　ところで、「リスティング広告」をやっているのに、成果が出ていない企業のほうが多いのも事実。経験豊富なWebコンサルタント会社に高額な支払いをしても、まったく売上が上がらないのは一体なぜでしょうか？

　成果のちがいは、たったひとつ。僕には「販促の設計図」があったから。集客だけではなく、その後の見込客の心理・行動をふまえたフォローを徹底し、売上機会を創出してきた成果です。

「社長、同業者に真似をされたら、どうするんですか！」

　この本を出版するにあたり、数名の幹部社員からは、きびしい反対意見もありました。

　僕はこれまで、優れた商品を提供しているにもかかわらず、売り方が良くないせいで成果につながっていない会社をたくさん目にしてきました。そんな「大切にしたい企業」の成長を支援することは、当社のミッションです。ぜひ、本書を読んで「販促の設計図」を描き、自動的に見込客を開拓して、着実に売上をアップする仕組みを構築していただきたいと思います。

目次

Chapter 4	法人顧客が必ず訪れる 「コーポレートサイト」 ············ 079

Chapter 5	検索広告で接点をつくる 「リスティング広告」 ·········· 111

Chapter 6 お役立ち情報を掲載
「コンテンツSEO」

Chapter 7 潜在ニーズを掘り起こす
「ダイレクトメール」

本書内容に関するお問い合わせについて

このたびは翔泳社の書籍をお買い上げいただき、誠にありがとうございます。弊社では、読者の皆様からのお問い合わせに適切に対応させていただくため、以下のガイドラインへのご協力をお願い致しております。下記項目をお読みいただき、手順に従ってお問い合わせください。

●ご質問される前に

弊社Webサイトの「正誤表」をご参照ください。これまでに判明した正誤や追加情報を掲載しています。

　　正誤表　https://www.shoeisha.co.jp/book/errata/

●ご質問方法

弊社Webサイトの「刊行物Q&A」をご利用ください。

　　刊行物Q&A　https://www.shoeisha.co.jp/book/qa/

インターネットをご利用でない場合は、FAXまたは郵便にて、下記"翔泳社 愛読者サービスセンター"までお問い合わせください。
電話でのご質問は、お受けしておりません。

●回答について

回答は、ご質問いただいた手段によってご返事申し上げます。ご質問の内容によっては、回答に数日ないしはそれ以上の期間を要する場合があります。

●ご質問に際してのご注意

本書の対象を越えるもの、記述個所を特定されないもの、また読者固有の環境に起因するご質問等にはお答えできませんので、予めご了承ください。

●郵便物送付先およびFAX番号

送付先住所　〒160-0006　東京都新宿区舟町5
FAX番号　　03-5362-3818
宛先　　　　（株）翔泳社 愛読者サービスセンター

Chapter 1

なぜ、中小企業は
儲からないのか？

01 下請けでは、永遠に豊かになれない

☐ 下請けピラミッドから脱出し、エンドユーザーに直販

　ドラマ「下町ロケット」を観たことはありますか？ 帝国重工の下請けとして奮闘する、佃製作所の社員たちの姿を描いた池井戸潤原作の作品です。例えば、佃製作所が開発した製品を、帝国重工の社員がテストするシーン。経理担当の殿村が「こんな評価しかできない相手に、我々の特許を使っていただくわけにはいきません」と渡り合う姿に、溜飲が下がる思いをした中小企業の社長も多かったのではないでしょうか。筆者も涙を流しながら観賞したものです。ところが、ドラマを観た後、冷めている自分もいるのでした。「こんな美談、現実にあるのだろうか」と。

　たしかに、一流の下請企業があるのも事実です。CPU大手のインテル、モーターで世界トップシェアを誇る日本電産、自動車メーカーの下請けであるデンソーやアイシン精機など、元請企業並みか、それ以上に立派な会社もあります。ただし、これはほんの一握りだけ。元請けと下請けがWin-Winの関係を築くのは非常にむずかしく、ほとんどの下請企業は苦しい経営を強いられています。

　筆者が約10年間勤務したデザイン会社もそうでした。社長と2人でマンションの1室からスタートした会社です。社長の知り合いが紹介してくれた取引先以外は8割以上が下請けの仕事で、広告代理店、印刷会社、編集プロダクション、同業のデザイン会社からの発注でした。さらに、一次下請けならまだしも、二次、三次も多く、ある大手企業のパンフレット制作では、元請け（一次請け）が印刷会社、二次請けは広告代理店、三次請けが編集プロダクション、筆者のデザイン会社は四次請けでした。しかも、実際に企画・制作を担当するのは我々です。ほぼ"丸投げ"という形で仕事が委託される現実に、驚くというか呆れたものでした。

▶ 図1-1 筆者が経験した下請けピラミッド

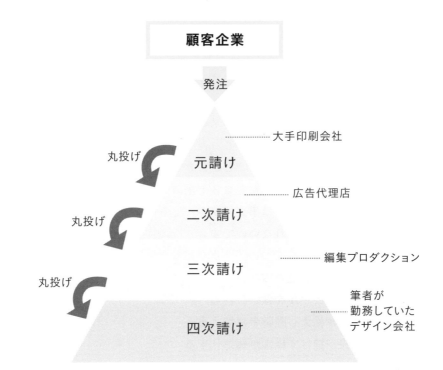

広告業界における下請けピラミッド

ただ、当時はバブル崩壊後とはいえ、まだデフレが社会問題にはなっておらず、この仕事が始まった頃は、たとえ四次請けでも十分な利益が出ていました。ところが「失われた10年」とか「失われた20年」などといわれた時代になると、デフレはつづき、毎年のように制作費が削減される。そのしわ寄せは、「下請けピラミッド」の下にいくほど大きくなります。

　「下請けである以上、永遠に儲かることはない」

　「いい仕事をしても、下請けでは未来を描けない」

　そんなあきらめに似た感情が芽生えたのは、この頃でした。

　これは、あらゆる業界でも同様のことが起きているようです。仕事を"丸投げ"のケースの場合、お客様は本来なら支払う必要のない余計なコストを負担しなければならず、丸投げされた下請企業も、気遣いや手間を強いられるうえに十分な報酬を得ることができません。以前、大手不動産会社の建築不正問題が発覚しました。コスト削減を強いられて手抜き工事をした下請企業に問題があるのは事実ですが、そもそも下請けピラミッドの構造こそが問題なのかもしれないのです。

　下請企業には、大きく4つの問題点があります。

　①価格を値切られ利益が出ない

　②無理なスケジュールを強いられる

　③社員の不満が拡大し離職者が増える

　④会社の未来が描けず経営が弱体化する

　上記の問題は、下請けをやめる（あるいは減らす）ことでほぼ解決できます。つまり、下請けで部品をつくるのではなく、元請けとなってエンドユーザーに最終製品を直販する。工場を持たないファブレスや商社型ビジネスは、むしろ中小企業のほうが適しています。世の中のニーズに対し、フットワーク良く企画・開発を担い、製造・生産など後ろの工程は資本のある大企業にお願いするという方法です。ただし、これには一つ、ポイントがあります。それは、マーケティングです。中小企業が上場企業や大企業と取引することは、いまだハードルが高い困難な課題。これを解決するためのツールが、本書で紹介する「販促の設計図」なのです。

▶ 図1-2　| 　ITシステム業界の下請けピラミッド

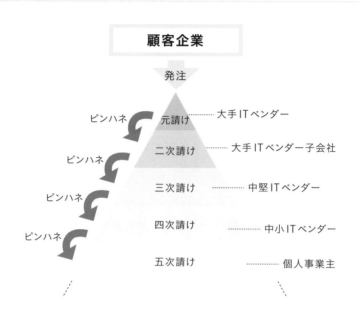

▶ 図1-3　| 　元請けとして最終製品をクライアントに直販

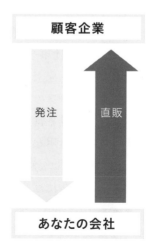

02 営業スタッフの努力に期待し過ぎない

☐ 営業はいらない!? 人件費をマーケティングに投資する

　企業にとって、なぜ営業スタッフが必要かというと、商談の機会を得るためには、こちらからお客様に声をかけなければならないからです。逆にいうと、お客様から自動的に声がかかる仕組みができれば、営業スタッフはいらないことになります。

　ところで、営業スタッフを1人雇うと、年間でいくらかかるのでしょうか。そこそこ"できる"人材なら、年収600万円として、会社が負担する社会保険や諸経費、そして採用コストを合わせると初年度で1,000万円くらいかもしれません。人件費以上に会社の売上に貢献すればいいのですが、売る能力を持っているかを面接で見抜くのは、容易ではありません。たとえ優れた営業スタッフを採用できたとしても、彼らが退職しないよう、高額の報酬が必要です。ましてや、売れない営業スタッフを売れるように育てるのは、ほぼ不可能なこと。つまり、売上を営業スタッフに頼るのは、リスクの高い方法なのです。また、ノルマを課したり、テレアポを強要したりする会社もありますが、現代のお客様は、これ以上売り込まれることを望んでいません。「仕事を受注できるまでは、会社に戻って来るな!」と、営業部長が叱咤して、売上が上がる時代ではないということです。

　さらに、営業スタッフのモチベーションを上げるための歩合制には別の問題があります。できる営業スタッフが自分の立場を守るため、ノウハウを出し渋り、社内に無用な緊張感が生まれることがあるからです。これらの理由から、中小企業は、営業スタッフの努力に期待し過ぎないことです。

　新規顧客を開拓するには、自動的に新規顧客からの問い合わせを生み出し、誰でも売れるシステマチックなマーケティングを構築することです。そのために必要なものが、「販促の設計図」です。

営業スタッフを雇用する費用を
マーケティングに投資

同じ1,000万円を投資するなら、どちらを選びますか？

A
営業スタッフを1人雇う

B
マーケティングに投資する

採用コスト（年収の1/3） **200**万円
会社が負担する社会保険料や 雇用するための諸経費 **200**万円
営業スタッフの年収 **600**万円

ウェブサイトを改訂 **500**万円
広告を出稿 **250**万円
パンフレットを作成 **250**万円

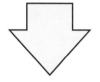

リスクの高い
"バクチ"

確実に
"もと"がとれる

□ そもそも、営業という仕事は必要か?

　多くの企業ではお客様に対応する営業部門と、技術・開発・生産を担う製造部門が別々に存在します。需要に対して供給が追いつかず、つくればつくるほど売れた時代には、このやり方は効率的でした。新卒社員を各部門に配属し、仕事を分担して覚えてもらえば、早く戦力化することができます。人当たりのいい人材は営業部門へ、現場に相応しい技術を持つ人材は製造部門へ。営業スタッフはお客様のところに訪問し、見積書をつくり、スケジュールを管理しながら、現場への指示を出す。製造部門では、ものづくりに特化する。いまもこのような組織体系の会社は多いと思います。

　ところが、最近は様変わりしています。インターネットの普及により、営業スタッフから口頭で説明を聞く必要はなくなりました。お客様が商品を検討する際、コーポレートサイトで十分に情報収集することが可能。もし、くわしく知りたければ、関連資料をメールや郵送で手に入れることもできます。つまり、営業スタッフに会う前に、商談が成立するケースが増えているのです。さらに、Web 会議システムが広まったことで、直接会う商談そのものの価値が低下。営業スタッフは技術的な質問に対して即答することがむずかしいため、会社に持ち帰って検討する必要があります。これは、大きなタイムロス。むしろ開発や技術にくわしい社員が商談にのぞむほうが、お客様の満足度が向上するという矛盾が発生しています。

　また、昔から営業サイドと開発サイドは、仲が良くないもの。売上や利益を追う営業と、品質や価値を高めたい開発は、そもそもトレードオフのような関係です。社長には大きな決断になりますが、営業部門を解体するほうが、会社や社員にとって都合がいいのかもしれません。実際、筆者の会社には営業スタッフがいません。営業スタッフを雇うためのコストを、新規顧客が自動的に生まれるマーケティングに投資し、発生した案件に対して、デザイナーやライターが商談にのぞむスタイル。無理に売り込むことはしないので、ストレスフリーです。お客様からは「要望や質問に対し、その場で課題が解決してレスポンスが早い」と高く評価されています。

▶ 図1-5 | **営業がいないとスピーディーな商談が可能**

営業がいると…

③相談
④解決策の提示
①セールス
②要望・相談
⑤再びセールス

製造部門
【技術・開発・生産】
営業スタッフ
お客様

タイムロスが発生

営業がいないと…

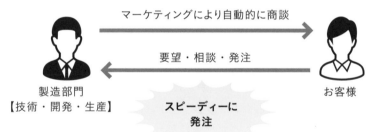

マーケティングにより自動的に商談
要望・相談・発注

製造部門
【技術・開発・生産】
お客様

スピーディーに発注

あなたの会社	顧客企業
• 営業がなく人件費を削減 • 組織の風通しがカイゼン • 効率的に売上・利益がアップ	• 要望・相談の対応が早い • 発注までの流れが迅速 • 満足度が大幅に向上

03 Webマーケティングを過信しない

魅力的だが成果が出ない……誘惑に負けず冷静な分析を

　いま、Web マーケティングが花盛りです。B2C だけでなく、B2B においてもインターネットがビジネスで必須となりました。2019 年の総広告費 6 兆 9,381 億円のうち、インターネット広告費は全体の 30.3% を占めています（電通調べ）。しかも、この数年、増加の一途をたどっています。

　たしかに、テレビ CM や新聞・雑誌などのマスメディアと比べ、比較的容易に導入できるのが Web マーケティング。月に数万円の予算からスタートでき、費用対効果を測りながら広告を出稿できるのも魅力です。SEO 対策に加え、検索連動型のリスティング広告、オウンドメディアを使ったコンテンツマーケティングなど動画や SNS による幅広い手法が次々に登場し、ますます関心や期待が高まっています。ところが、Web マーケティングに投資したものの、まったく効果がないと懐疑的な意見も頻出しています。

　「Google 認定の広告代理店にお願いしたのに、売上が上がらない」

　「コンサルタントに質問しても、何を言っているのかよくわからない」

　このように、広告代理店やコンサル会社に対し、不満を抱えるケースが増えているのです。なぜ、こんなにも成果につながらないのでしょうか。

　そもそも、普及して 20 数年のインターネット業界では、急拡大したこともあり優れた人材に乏しく、ビジネス経験の少ない若手起業家が始めた会社も多いです。また、「儲かる」という理由で参入した企業もふくめ、技術的な知識は豊富なものの、顧客企業のビジネスモデルや、ユーザーの心理・行動への理解が十分ではありません。Web マーケティングの会社は、何かに特化した強みをもっているため、自社のサービスを売ることを前提に提案するケースがほとんど。顧客企業にとっては不要なサービスに予算を投じているケースも多いのです。つまり、問題は発注先の選定です。

▶ 図1-6 | Webマーケティングの発注先はさまざま

SNS
マーケ会社

オウンド
メディア
運用会社

Web
コンサル会社

大手総合
広告代理店

Web
制作会社

SEO業者

Google認定
リスティング
広告代理店

動画
制作会社

大手広告代理店

Webコンサルタント

若手IT起業家

売上がアップしますよ

しかし…

売上は上がりませんでした

あなたの会社

発注元に起因する、さまざまな問題点

　問題の1点目は、Webマーケティングに偏った投資をすること。展示会やセミナーでの接点づくり、テレアポが効果的な業界もあります。アナログな業界なら、Webマーケティングで悩むより、むしろ決裁者むけにダイレクトメールを発送するほうが成果が出るケースもあります。自社の製品・サービスや業態、決裁者の属性や行動を知ることが肝心です。

　2点目は、大手で実績があるからと、丸投げしてしまうこと。大手の発注先は、年間で億単位の予算でないと、本気で取り組んでくれないケースもあります。B2Bの場合、Webマーケティングへの投資額は、年間で数百万円〜2,000万円くらいの会社も多いでしょう。身の丈に合った発注先を選ぶことをおすすめします。当社がリスティング広告を運用してもらっているのは、社長1人の会社ですが、しっかりと成果を出しています。

　3点目は、経営トップが無関心なケースです。そもそもWebマーケティングは、売上をアップすることが目的。インターネットは自動的に世界中の顧客と接点を生み出す、非常にレバレッジが効く媒体です。思い切った予算を投じれば、想定以上のリターンが得られることも少なくありません。つまり、決裁権のある経営陣が同席し、即断すべきことが多いのです。余談ですが、Webマーケティングの担当は、システムよりも、ユーザーの心理や行動に敏感なタイプの社員が適任です。

　4点目は、コーポレートサイトの制作、SEO対策、リスティング広告の出稿と、ばらばらに発注すること。一見、リスク分散のメリットがあるように見えますが、これでは全体最適が図れません。サービス単体に強みをもつ業者の主張を聞いていると、それぞれが必要なサービスだと感じてしまうからです。むしろ外部の優秀なマーケター1人に責任者として担当してもらい、全体予算の配分から相談するほうが、成果が出るはずです。

　Webマーケティングは、しょせん単なるツール。ツールである限り、使いこなすには人間の能力がものをいいます。冷静に自社の製品・サービスや顧客の心理を把握し、販促活動を俯瞰して見ることが大切です。

▶ 図1-7　　発注先の4つの課題

ビジネスモデルや ユーザーへの 理解が浅い	よくわからない 内容の薄い レポート・分析
自社のサービスを 売るのが前提	顧客企業への 説明責任を 果たせない

1 2
3 4

▶ 図1-8　　発注元の4つの課題

インターネットへの 偏った広告投資	大手広告代理店 への丸投げ
経営トップに 関心がない	ばらばらの 業者に発注

1 2
3 4

なぜ、中小企業は 儲からないのか?

「下請け」の課題

- [ ] 下請けピラミッドの下層ほど、苦しい経営を強いられる
- [ ] 元請けと下請けがWin-Winの関係を築くのは幻想
- [ ] 元請けをめざすには、高度なマーケティングが必要

「営業」の課題

- [ ] 売上を営業スタッフに頼るのはリスクが高い
- [ ] 稼ぐ営業スタッフを採用できる確率は低い
- [ ] むしろ営業が間に入るせいで、タイムロスが発生

「Webマーケティング」の課題

- [ ] 投資しても効果がないと懐疑的な意見も続出
- [ ] 敷居は低いインターネット広告、実はいばらの道
- [ ] 必要なサービスと発注先を選別する“目”が必要
- [ ] バラバラに発注しても全体最適が得られない

Chapter 2

商談機会が倍増する
「販促の設計図」とは？

01 商談機会が倍増する「販促の設計図」とは?

□ 4つのステップで見る「販促の設計図」

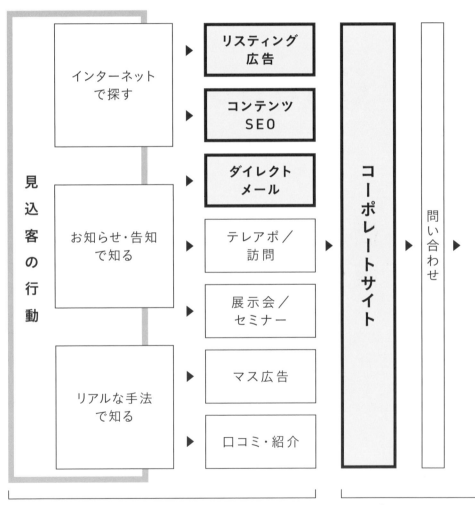

① 発掘の段階　　　② 誘引の

　「販促の設計図」とは、見込客との出会いの機会をつくり出し、興味を抱かせて商談にのぞみ、たとえ成約しなくても、次の商談機会を自動的に生み出す仕組みのこと。ここからは、会社の売上をアップすることを目的に、設計図のつくり方、それぞれの施策のヒントをお伝えします。

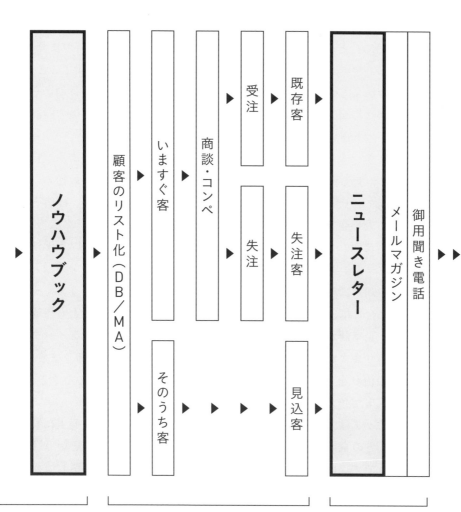

段階　　　③ 獲 得 の 段 階　　　④ 追 跡 の 段 階

02 接点を生み出す「発掘」のステップ

売上増に最も貢献する「集客」を仕組み化する

　日本のような成熟社会では、常に供給が需要を上回るため、消費者がどのように商品にたどり着くのかをイメージすることが大切です。つまり、セールスよりもマーケティングが重要ですが、これはB2Bでも同じこと。商品や販売方法など売る側の都合ではなく、顧客の属性・心理・行動から逆算し、最適な告知をするための全体像が必要です。これを「販促の設計図」といい、最も重要な部分が、この「発掘」のステップです。

　基本的なスタンスとして、現代の見込客は「売り込み」を嫌います。自ら情報収集し、自ら商品を選択したいのが特徴です。そのため、最初の行動はPCやスマホで気軽に探せるネットサーフィンが一般的です。顧客との接点をもちたい企業は、検索キーワードに連動したリスティング広告、あるいは顧客に対してお役立ち情報を伝えるコンテンツSEOという手法を使います。また、リアルな方法として、展示会やセミナーに足を運ぶとか、同業者や知人に相談するケースも多いでしょう。もちろん、うまくタイミングさえ合えば、マス広告やプレスリリースで接点をもつことも可能です。一方、企業側から顧客へ告知する方法として、テレアポやダイレクトメールもありますが、「売り込み色」が強く警戒される傾向にあります。営業トークの流れをつくる、コピーライティングのスキルを高めるなど、それなりの工夫が必要です。

　発掘のステップは、一般的に「集客」といわれるもので、最も売上に貢献するため、どの企業でも関心が高く、集客コンサルタントなどという職業もあるようです。「はじめに」でも書きましたが、筆者自身、起業してから集客では多くの失敗をしてきました。競合企業も集客には力を注いでいるわけですから、相当なアイデアと粘り強い試行錯誤が求められています。

▶ 図2-1　**見込客の心理と行動を把握する「発掘」のステップ**

[ウェブ]

リスティング広告

コンテンツSEO

自ら行動 →

[リアル]

展示会／セミナー

口コミ・紹介

お客様　　　　　　　　　　　　　あなたの会社

最近の顧客は、
自ら情報収集し、
自ら商品を選ぶ
のがトレンド

[偶然]

マス広告

テレアポ／訪問

ダイレクトメール

← 売り込み

03 興味を抱かせる 「誘引」のステップ

☐ その後の商談を優位にする、魅力あるコンテンツを訴求

　「発掘」のステップで見込客との接点を生み出した後は、顧客とのファーストコンタクトを迎えるため、いかに興味・関心を高めるかが大切です。競合他社と比べ、その後の商談を優位に進める意味でも、「誘引」のステップにはアイデア力が求められます。

　リスティング広告をクリックし、商品のランディングページで即購入。あるいは、ダイレクトメールを見て、すぐに商品を申し込む。B2Cではあり得るケースも、B2Bの顧客には当てはまりません。B2Bの商品は高額で、簡単に決裁できないという組織の都合があるため、商品に興味をもった顧客は、お問い合わせや資料請求をする前に必ずコーポレートサイトを訪問します。つまり、商品と同様、その商品を提供する企業にも価値を求めるのです。これは非常に重要なポイントで、例えば、商品のランディングページは格好いい。ダイレクトメールのセンスが良くて気になった。ところが、コーポレートサイトを訪問したとき、印象が悪ければどうでしょうか。せっかく問い合わせや資料請求しようと思っていたワクワク感が、一気に萎えてしまいます。また、ランディングページやコーポレートサイトへ訪問した顧客に、足跡（顧客情報）を残してもらうのも大切。このための魅力あるオファーがノウハウブックで、顧客が商品選びに必要な知識やヒントを得られるコンテンツを掲載します。

　特にB2Bの場合、3～5社くらいの企業に声をかけ、場合によってはコンペやプロポーザルで発注先を決定します。そのため「誘引」のステップでは、「あなたの会社とぜひ取引がしたい」と感じさせなければなりません。資本力や実績で大手企業に劣る中堅・中小企業にとって、「誘引」のステップには、大手企業以上にアイデアを注ぐ必要があります。

▶ 図2-2 コーポレートサイトを受け皿とする「誘引」のステップ

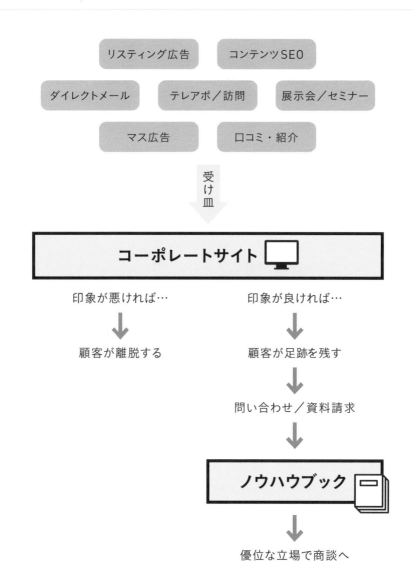

04 商談を創出する「獲得」のステップ

☐ 「そのうち客」を育てながら、「いますぐ客」を成約する

「誘引」のステップで、コーポレートサイトから問い合わせや資料請求をしてくれた見込客を、自動的にリスト化する仕組みがあると便利です。メール送信された顧客情報をエクセルで管理する企業も多いと思いますが、この方法では入力に手間がかかるうえ、営業活動の全体像をとらえにくいというデメリットがあります。また、データを共有しにくく、管理者が進捗を把握できません。さらに、この後の「追跡」のステップでの見込客リストへの対応が面倒です。データベースでも構いませんが、マーケティングオートメーション（以下MA）を導入することをおすすめします（2-9参照）。

ところで、見込客には「いますぐ客」と「そのうち客」が存在します。「いますぐ客」は欲しい製品・サービスが明確で、すぐにでも商談にのぞみたいお客様のこと。納期も決まっているケースが多く、ニーズが顕在化しています。商品を提供する企業としては、売上につながる可能性が高く、スピーディーな対応が求められます。受注すれば「既存客」となり、さらなる売上増が期待できますし、取引にいたらなければ「失注客」となります。

一方、「そのうち客」は少々、厄介な存在です。予算も納期もあいまいで、そもそも購入する気があるかどうかも不明。単なる"冷やかし"もあり得ます。割と多いのは、情報収集の段階である場合。取引先を変更したいとか、上司に指示されて商品の検討を始めたというケースです。

「獲得」の段階では、「いますぐ客」に対してファーストコンタクトを取り、受注にむけた準備を進めます。ところが、「そのうち客」と「失注客」にはつい対応を怠りがちです。彼らは後々、「いますぐ客」に育ったり、新たな「見込客」になったりします。そのとき、自動的に声がかかるようにする仕組みが、次の「追跡」のステップです。

▶ 図 2 - 3　　**接点をもった顧客は逃さない！
「獲得」のステップ**

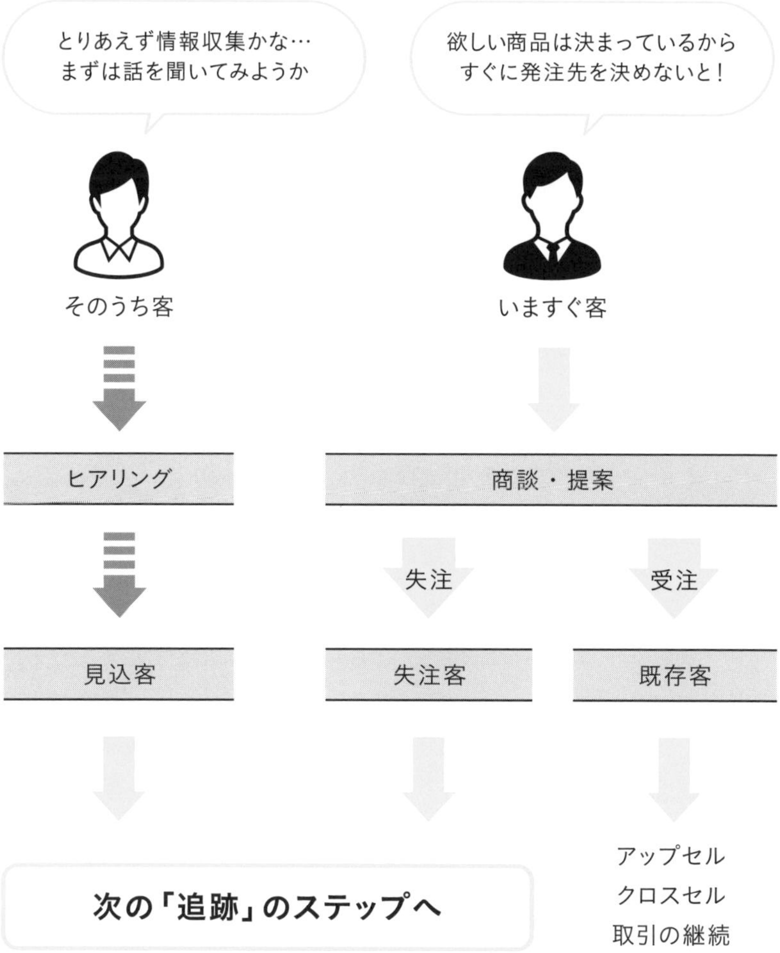

とりあえず情報収集かな…
まずは話を聞いてみようか

欲しい商品は決まっているから
すぐに発注先を決めないと！

そのうち客　　　　　　　　　　いますぐ客

ヒアリング　　　　　　　　　　　商談・提案

失注　　　　　　　　受注

見込客　　　　　　　失注客　　　　　　　既存客

次の「追跡」のステップへ

アップセル
クロスセル
取引の継続

＊アップセル……より高額な商品に乗り換えてもらうこと
＊クロスセル……購入検討中の商品に加えて、別の商品も購入してもらうこと

05 | 機会を再現する 「追跡」のステップ

☐ 営業スタッフに任せずに、定期的な顧客フォローを仕組み化

　「発掘」のステップで見込客を集め、「誘引」のステップで興味を抱いて
もらう。「獲得」のステップでは、「いますぐ客」と「そのうち客」に分け
てアプローチします。最後は「追跡」のステップです。取引にいたった「既
存客」には、クロスセルやアップセルをふくめた取引の継続をねらい、「失
注客」「そのうち客」に対しては、新たな案件の発生や業者変更の検討が生
じたときに備え、フォローを継続する必要があります。

　顧客フォローとして、定期的な面会や電話も悪くはないのですが、「働き
方改革」が進められている昨今、勤務時間中の生産性を高めようと、定まっ
た用件のない面会や電話の時間は排除する傾向にあります。そのため、顧
客フォローには工夫が必要です。「追跡」のステップでは、MA による顧客
管理システムが威力を発揮します。定期的な情報配信として、アナログは
「ニュースレター」、デジタルなら「メールマガジン」が有効です。

　ニュースレターは別名「広報誌」ともいい、年数回発行する 8 〜 24 ペー
ジほどのパンフレットのこと。取引先や見込客にとって役立つ記事を編集
し、顧客企業の担当者あてに郵送します。既存客なら、別の部署やグルー
プ会社を紹介してくれることも。また、失注客やそのうち客に対しては、
再度の商談へのきっかけづくりとなります（9-1 参照）。メールマガジンは
取り組みやすい手法で、配信する企業も多いですが、読まれにくく迷惑メー
ル扱いとなるケースがほとんどです。そのため、読み応えのあるコンテン
ツをつくるなど、相応の覚悟が必要です。

　商談・提案の後、顧客フォローを営業スタッフ任せにするのではなく、
会社として仕組み化するのがポイント。「追跡」のステップでは、売上の最
大化にむけたフォローを継続します。

▶ 図 2 - 4　お客様に迷惑をかけずにフォローする「追跡」のステップ

あなたの会社

ニュースレター

定期的に送付

メールマガジン

お客様

既存客

失注客

そのうち客

他部署が困ってたな。
たしかグループ会社も……
紹介してあげよう

この情報は役立つな。
次回のプロジェクトでは
声をかけてみよう

何か案件が
発生することがあれば
相談してみよう

06 設計図のなかで重要な 6つのパーツ

☐ 数々の失敗・成功からつかんだノウハウ

　自動的に売上につなげる「販促の設計図」をつくるため、重要なカギとなる6つのパーツがあります。

　①コーポレートサイト　②リスティング広告　③コンテンツSEO
　④ダイレクトメール　　⑤ノウハウブック　　⑥ニュースレター

　各パーツの詳細は後の章で紹介しますが、ここでは筆者の体験を通じて、6つに力を注ぐ理由についてお話しします。

　起業するとき、「下請けをやらない」「営業はいらない」と決めていました。そのとおりにはなったものの、いま思えば、若さゆえの傲慢で思い上がった考え方だったと思います。一方、いくら質の高い仕事ができても、お客様がやって来なければ会社がつぶれることも理解していましたし、取引先を見つけるためにいろいろな方法を試しました。1人200社のターゲットリストを用意し、テレアポをしたときは、社員たちがノルマをこなす一方、筆者はストレス耐性がなく、3社で白旗を掲げることに。FAXDMを送ったときは「紙のムダだから、やめてくれ」と叱られたこともあります。60万円をかけて掲載した新聞広告の反応はゼロ。上場企業との接点を得るため、高額の年会費を払って業界団体に参加しても、取引にはいたりませんでした。そんな失敗ばかりでしたが、成功した試みもあったのです。

　それは、ダイレクトレスポンスマーケティングです。簡単にいうと、広告宣伝を通じて見込客に手を挙げてもらい、商談につなげるという方法。具体的には、上場企業や中堅企業を対象に、お役立ち情報や当社のサービスを紹介するダイレクトメールを郵送しました。成功した後もマーケティングに関する本を読み、反応率の高いダイレクトメールとは何かを学んでいったのです。これは、会社が成長する転機となりました。

▶ 図2-5 | ウェブとリアルで各3つ、
計6つの重要パーツ

[ウェブ]　　　　　[リアル]

コーポレート
サイト

ダイレクト
メール

法人顧客が
必ず訪れる

潜在ニーズを
掘り起こす

リスティング
広告

6つの重要パーツ

ノウハウ
ブック

検索広告で
接点をつくる

専門家として
商談にのぞむ

コンテンツ
SEO

ニュース
レター

お役立ち
情報を掲載

人間関係の
維持に役立つ

ダイレクトレスポンスマーケティングが基本

☐ 次々とパーツを増やし、「販促の設計図」が完成

　ダイレクトメールに反応があった企業をリスト化し、電話で商談につなげ、新規アポイントを増やしていきました。ところが、当時は社員5人で、人脈も実績もない中小企業です。まともに商談の仕方を習ったこともありません。そのため、発注してもらえたのはわずかで、大手企業からは皆無。信用力のなさを痛感することになりました。しかし、せっかくアポイントの機会をもらった優良顧客です。今後、別の案件での提案の機会を生み出そうと考え、ニュースレターの発行を決めました。一定の成果があり、初回アポから4年後に、仕事を発注してくれた企業もあります。

　また、創立当時、簡易なホームページをつくってはいたものの、売上増への貢献にはほど遠い状態でした。そこで、取引先拡大をめざし、コーポレートサイトをリニューアルすることになります。できるだけ多くの実績を掲載し、信頼構築に努めました。そして、次の転機が訪れます。それは、会社を大きく前進させたリスティング広告です。

　ある日友人から、「リスティング広告はやらないんですか？ きっと成果が出ますよ」と提案され、「何なの、それは？」という感じで知ったのがきっかけでした。当社の主要サービスの1つ、社内報の広告を出稿してみると、問い合わせが激増し、オファーとして郵送したノウハウブックは、お客様から「わかりやすい」と人気を博し、商談を有利に運ぶことに役立ちました。

　2012年、Googleによるアップデートが適用され、「コンテンツの質」が評価されるようになったのを機に、顧客にとって有益な情報をオウンドメディアで発信する、コンテンツマーケティングが登場しました。当社も2015年に広告・広報の情報を提供するオウンドメディア「adLive.Co」をリリース。コンテンツSEOを開始しました。いまでは、検索上位に登場する記事も増え、メールマガジンの本文から記事にリンクさせるなど、受け皿としての機能も十分に果たしています。

　「販促の設計図」は、これら6つのパーツが基本。自動的にお客様が集まる仕組みをつくるには、これら6つのパーツへの投資が必要です。

▶ 図2-6　　6つの重要パーツに手をつける順番の例

実際に6つのパーツに投資した順番

1　ダイレクトメール
- ターゲットは上場企業と中堅企業
- 1回のダイレクトメールで3,000 ～ 5,000社に郵送
- 反応率0.5%を目標とし、最高で1.0%を記録

2　ニュースレター
- A4判8ページのパンフレットを300 ～ 400部印刷
- 年4回、過去に接点のあった顧客リストに郵送
- 失注から4年後に声がかかり、受注したケースも！

3　コーポレートサイト
- 技術の進歩が速いため、3 ～ 5年おきにリニューアル
- 実績、プロジェクトストーリーなどコンテンツを強化
- 社内で更新できるよう、システムを導入

4　リスティング広告
- 「社内報」制作サービスの広告出稿をスタート
- 年40万円ほどの広告費で、合計3億円以上の売上を計上
- その後、「株主通信」「記念誌」「広報誌」と次々に出稿

5　ノウハウブック
- リスティング広告のオファーとして制作
- 薄くても16ページ、厚いものでは72ページの冊子を制作
- サービスごとに1冊を制作し、専門家として優位に商談

6　コンテンツSEO
- 広告・広報担当者に役立つオウンドメディアで情報を発信
- 月1 ～ 2本更新、ニュースレターやノウハウブックとも連携
- メールマガジンにリンクを設定し、訪問者を増やす工夫を

投資する順番は、会社の業態、成長フェーズにより異なります

07 顧客の紹介・口コミに期待しない

☐ 売上を運に任せるのは、ハイリスクな行為

すでに取引のあるお客様からの紹介は、非常にありがたいものです。

「社内の他の部署が困っているみたいだ。話を聞いてあげてくれないか」

「グループ会社から相談を受けた。あなたの会社に声をかけてもいいか」

筆者も経験がありますが、そんな言葉をもらうと、天にも昇る気持ちになってしまいます。発注はほぼ決定的だし、競合と比較されることもない。紹介者から価格のことを聞いているため、見積書を提出しても、まず値切られることはありません。まさに、いいことばかりの「紹介・口コミ」ですが、ここには落とし穴があります。

その理由は、他力本願であること。再現性がなく、運任せといったほうがいいかもしれません。たとえ、いい仕事を評価してくれたとしても、紹介してくれるお客様と、紹介してくれないお客様が存在します。「いい仕事をしたのだから、少しは紹介してくれてもいいじゃないですか」と、図々しくお願いするわけにもいきません（たまに、そんな営業スタッフと出会うこともありますが……）。つまり、紹介や口コミに期待することが良くないとはいいませんが、これに依存し過ぎるのは大変リスキーな行為です。

「当社は、お客様からの紹介だけで成り立っています」

この言葉だけを聞くと、広告宣伝にお金をかけない立派な会社に思えてきます。しかし、そんな会社のコーポレートサイトをのぞいてみると、過去の実績はもちろん、お客様の声、商品選びで間違えないヒントなど、見込客が知りたい情報がいっぱい掲載されています。つまり、お客様からの「紹介・口コミ」が発生する仕組みづくりに結局お金をかけているのです。基本的に、お客様からの紹介だけで成り立つビジネスなどありません。顧客からの紹介・口コミには期待しないことを心得ておきましょう。

▶ 図2-7 　**紹介・口コミに期待し過ぎるのはリスク**

他の部署が困っている
話を聞いてやってほしい

グループ会社に相談された
声をかけてもよいかな

すでに取引のある
お客様

もちろんです
喜んで！

ぜひ近々
伺います！

ラッキー

あなたの会社

しかし

紹介・口コミに期待する3つの問題点

1
他力本願

2
再現性がない

3
運任せ

08 まずは法人営業の仕組みを理解しよう

☐ リードジェネレーション／リードナーチャリングが重要

　企業を顧客とするB2Bでは、おさえておきたいポイントが大きく3つあります。1点目は、個人の嗜好や経済状況で直感的に購入するB2Cと異なり、B2Bでは担当者だけで決定することはありません。上司や決裁者、他部署、場合によっては経営陣をふくめた組織的な意思決定で購買を検討します。つまり、関わる人数が圧倒的に多いのです。2点目は、購買決定までの期間が長く、プロセスが複雑なこと。社内むけ企画書の作成、稟議書の提出、複数部門の担当者が集まる会議での検討など、決定まで数ヶ月を要すこともあります。3点目は、好みや直感ではなく、論理的な検討が重視されることです。一般的に、企業には改善すべき課題が無数にあり、年間予算と向き合いながら、課題のプライオリティを検討し、上位から実行に移します。そのため、売る側としては、顧客企業に対して購買メリットをわかりやすく説明し、優先度を高めてもらう工夫が必要です。製品・サービスを導入後のベネフィット、コスト削減、リスク回避など、さまざまな視点からロジカルに説明するスキルが求められます。

　これら法人営業の特徴から、見込客を集める「リードジェネレーション」だけでなく、その見込客を啓蒙・育成する「リードナーチャリング」が重要ということがわかります。これら2つの段階をマーケティングといいますが、逆にいえば、マーケティングで顧客の気持ちをつかみさえすれば、セールスはむずかしくありません。マーケティング（販促）とは、見込客を営業スタッフの目の前に連れて来ること。そしてセールス（営業）とは、目の前の見込客から仕事を成約することです。売上を上げるという目的は同じでも、これら2つはまったく別物です。なお、マーケティングは社長をふくむ幹部の役目、セールスは社員の仕事だと心得ておきましょう。

▶ 図2-8　**法人顧客に自社の商品を論理的にPRするポイント**

1	**有益性**	• 課題や悩みが解決した後の改善点 • 得られるベネフィットや費用対効果
2	**重要性**	• 社会や経済の変化、新たな政策への対応 • 人口動態など予測できる未来への対策
3	**緊急性**	• 現状を維持した場合のリスク、緊急事態への対応 • 導入しない場合の機会損失の大きさ
4	**信頼性**	• 導入企業数や実績、具体的な効果 • お客様の声、プロジェクトストーリー
5	**優位性**	• 品質・価格・機能など、競合他社の商品との比較 • 自社の製品・サービスの特長、他社にない強み

▶ 図2-9　**見込客を開拓する媒体はさまざま**

見込客

リスティング広告　プレスリリース

コンテンツSEO　ダイレクトメール

展示会／セミナー　マス広告・交通広告

ターゲット広告　テレアポ／訪問

ニュースレター　口コミ・紹介　メールマガジン

売り先を見定めて情報を発信する

　世の中は様変わりしました。需要が供給よりも大きかった時代を経て、現代は需要が飽和。ITをふくむ技術の進化やグローバル化により、参入障壁が下がったことで競合も増加しています。このような時代、見込客に興味を抱いてもらうには、手法を変える必要があります。それは、製品やサービスを差別化するだけでなく、売り先を限定する方法です。社員数1,000人以上の中堅・大企業に特化する。逆に、中小企業だけを対象にするほうが適した商品もあります。メーカーや流通小売など、業態・業種にセグメントする方法も。ほかにも、「東京に本社がある売上10億円以上の会社」「創業10年以上の卸・商社」など、絞り込む基準はさまざまです。

　「どんなお客様でも、どんな商品でもいいから、とにかく買ってください」

　このような売り方は、いまの時代には通用しません。見込客は「数」も重要ですが、それ以上に「質」が求められます。あえて顧客企業をセグメントし、取引すべきかどうかを見定めます。規模・売上高・業態・社歴など、さまざまな角度から検討し、良質な見込客を集めたいものです。

　ところで、集めた見込客が全員、「いますぐ客」ではありません。むしろ、「そのうち客」のほうが多いと思います。特にB2Bの場合は、現状では購入してもらえなくても、次年度の予算編成の際に再チャレンジすれば、受注する可能性は低くありません。ここで出番となるのが、リードナーチャリングです。中長期的に見込客を管理し、継続的に情報を提供しながら、関係性を継続することが大切です。

　リードジェネレーションやリードナーチャリングにおいて注意したいのは、買い手側に立った情報提供を心がけること。売り手側の都合で、一方的に製品やサービスの紹介や売り込みをすべきではありません。コスト削減や売上アップほか導入メリット、見込客にとって役立つ情報、導入企業の声やプロジェクトストーリーなどを発信しましょう。その後のセールスが、格段にやりやすくなるはずです。

▶ 図2-10 | マーケティングとセールスの全体像

マーケティング

各媒体より
見込客を集める → リード
ジェネレーション

見込客を
啓蒙・育成する → リード
ナーチャリング

「いますぐ客」を
成約に導く → セールス

「失注客」
「そのうち客」と
関係性を継続 → リード
ナーチャリング

販促の設計図
6つのパーツ

リスティング広告
コンテンツSEO
ダイレクトメール → 発掘

コーポレートサイト
ノウハウブック → 誘引

獲得

ニュースレター → 追跡

09 成功に近づくPoint①
MAで顧客の動きを把握

☐ すべての見込客を一元管理し、行動履歴を「見える化」

マーケティングオートメーション（MA）とは、従来は人間が行っていたマーケティング活動を自動化する仕組みのことです。効率的に顧客との接点をつくり出し、自社が運営する Web サイトを訪れた見込客をデータベースに集約します。インターネットだけでなく、展示会、セミナー、交流会、電話からの問い合わせ、ダイレクトメール、プレスリリースなど、あらゆる接点で開拓した顧客を一元化できるメリットがあります。

例えば、展示会で名刺交換した見込客の情報を入力し、挨拶メールに張った自社サイトへのリンクをクリックしてもらえば、見込客の行動を把握できるようになります。これを回帰といい、MA 独自の機能です。回帰した後は、見込客の行動を「見える化」できるようになります。つまり、Web サイトへの訪問履歴、メルマガの開封、セミナー参加の有無などのデータを元に、一人ひとりの購買意欲や関心度を数値化し、ニーズが顕在化した見込客を自動的に見つけ出すことができます。これは、その後の営業活動を効率的に、かつ優位に進めるために、非常に重要なことです。

こんなに便利な MA ですが、導入したものの成果が出ない企業もめずらしくありません。

「MA を導入、SFA（営業支援システム）と連携しても商談が増えない」
「見込客を一元管理できるようになったが、Web サイトに訪問されない」

こんな声もよく耳にします。そもそも MA は、見込客の情報収集と管理を目的としたもので、新規顧客を開拓せず、有益な情報（コンテンツ）を発信していなければ、商談が増えるはずはありません。MA の導入は、あくまで手段。大切なのは、その上流のリードジェネレーションとリードナーチャリングであり、これにはコンテンツの発信力を高める必要があります。

▶ 図2-11 | **顧客の情報と行動履歴を把握する 最強のシステム**

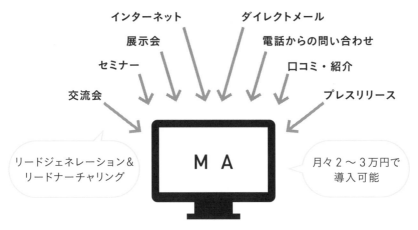

インターネット　　　ダイレクトメール

展示会　　　電話からの問い合わせ

セミナー　　　口コミ・紹介

交流会　　　プレスリリース

リードジェネレーション＆
リードナーチャリング

M A

月々2～3万円で
導入可能

顧客情報を一元管理

見込客の行動を把握できるように！

| Webサイトの訪問履歴 | 各ページの閲覧履歴 | セミナー参加履歴 |
| メールマガジンの開封履歴 | データのダウンロード履歴 | デバイスの種類 |

※PCかタブレットかスマホか

ニーズの顕在化スコアを数値化

商談にむけて優位に営業

10 成功に近づくPoint②
最終目的は
LTVの最大化

☐ CVRやCPAなど細かな指標より売上の最大化に着目

LTV とは Life Time Value（ライフタイムバリュー）の略で、顧客の生涯価値を指します。法人営業では、1社の顧客がライフサイクルを終えるまでに、あなたの会社にもたらす売上を算出した金額です。例えば、月30万円の売上が2年間つづき、契約終了したのであれば、30万円×24カ月で、LTV は720万円となります。

本書が提唱する「販促の設計図」を使ったマーケティングでは、LTV ただ1つを最大化するのが最終的な目標です。CVR*1 や CPA*2 といった指標も大切ですが、B2C とは異なり、B2B は訪問者自体が少ないのが特徴です。その分、販売単価が高いため、CVR や CPA よりも、最終的に積み上がる売上に着目したほうが、成果につながるからです。

過去にこんなことがありました。ダイレクトメールを3,000社に送付したのですが、反応があったのは、たった1社。100万円くらい費用をかけたキャンペーンでしたが、売上は50万円です。これは失敗でしょうか？実は、このお客様は東証一部上場企業で、初年度こそ50万円の売上でしたが、4年連続で発注してくれました。その総額は1,500万円以上。いまも取引はつづいていますから、LTV は数千万円に上るかもしれません。商品の品質に自信がある会社であれば、初回の投資は赤字でも十分に回収できます。つまり、LTV を最大化するには、取引の継続を前提として見込客を集める必要があります。極端な話、一気に2,000万円の売上をねらう「大勝負」に出るのではなく、コツコツと売上を積み上げて、10年以上かけて1億円を超える LTV をめざすようなイメージです。

---

*1　Conversion Rate（コンバージョンレート）の略。訪問者のなかで成約・問い合わせをした割合
*2　Cost Per Action（コストパーアクション）の略。成約・問い合わせ1件当たりの費用

▶ 図2-12 ## 法人営業の重要指標「LTV」に対する考え方

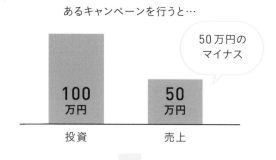

あるキャンペーンを行うと…

50万円の
マイナス

100
万円

50
万円

投資　　　　　　売上

ところが4年後

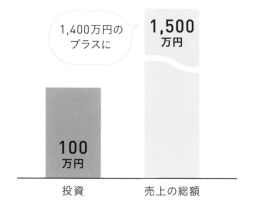

1,400万円の
プラスに

1,500
万円

100
万円

投資　　　　　　売上の総額

法人営業の重要指標は「LTV」だけで十分

Point 1 そもそも見込客が限られるため、CVRとかCPAなど細かな分析は不要

Point 2 販売単価が高く、継続して発注してもらえそうな企業をターゲットにする

Point 3 1回のキャンペーンでの大勝負より、コツコツと売上を積み上げる戦略を

11 成功に近づくPoint③ 売り込み感を消す

☐ スペックよりメリットを伝え、導入前後の変化を表現

　昨今、顧客を取り巻く状況には、大きく3つの変化があります。1つ目は、必要な製品や欲しいサービスがないこと。社会は成熟し、大きな投資をしなくても企業活動をつづけられます。2つ目は、売り手側の企業は事業領域を拡大する傾向にあり、顧客はどの商品を選べばいいのか判断できなくなってきたこと。流通小売事業者がPBとして食品を製造するなどのケースです。そして3つ目は、市場の二極化です。同業でも、購買意欲の高い「勝ち組」企業がある一方、経営に余裕のない「負け組」企業も存在します。売り先が似ていても簡単には売れない時代に突入しました。さらに、これら市場が硬直化したことに加え、インターネットで情報が即座に手に入るようになり、「売り手」よりも「買い手」の立場が圧倒的に強くなっています。

　世の中が大きく変わるなか、求められるのは「徹底してお客様の共感を獲得し、ファンをつくる」こと。売り手側の企業は、"売り込み"色を消して顧客に役立つことを追求し、これを明文化することが必要です。このためには、2つのポイントがあります。

　1つは、スペックではなくメリットを伝えること。スペックは、製品・サービスの仕様のことで、メリットは、利点やベネフィットを指します。見込客が商品に興味をもってくれない理由はたいてい、スペックを伝えているからです。技術開発力に優れた会社ほどその傾向がありますが、お客様は会社にも商品にも一切、興味がないと心得るべき。一方、自身のメリットには大いに関心を示します。もう1つは、売上アップ、コスト削減、組織活性化など、商品導入後の変化を伝えること。製品やサービスを導入した「お客様の声」を集めて、「悩みや課題を、導入後はこのように改善できた」という具体的な事実をPRすれば、お客様がイメージしやすくなります。

▶ 図2-13 　共感を得るのに必要なのは
「メリット」と「お客様の声」

インターネット社会の本質
「売り手」より「買い手」が圧倒的優位に

↓

徹底してお客様の共感を得る
（ファンをつくる）

↓

「スペック」ではなく「メリット」を伝える

スペック
［製品・サービスの仕様］

- サイズ・デザイン・カラー
- ブランドのこだわり
- 価格・バリエーション
- 機能・性能
- 使い方・操作方法
- 製造した工場・設備
- アフターサービス
- 販売代理店の概要

メリット
［お客様の利点・ベネフィット］

- 売上がアップする
- コストを削減できる
- 生産性が向上する
- 事故・トラブルが減る
- 組織が活性化する
- 管理の手間が減る
- 優秀な社員を採用できる
- 緊急時に困らない

お客様の声

12 成功に近づくPoint④ お客様が求めるのは 専門家

☐ 情報を集めて自社コンテンツをつくる3つのメリット

いま、求められるのは「専門家」、その道のプロフェッショナルです。前ページでもふれましたが、参入企業が増えて供給過剰となり、お客様はどの企業と取引すべきか判断に迷っています。B2Bでは複数の決裁者の承認を得なければならないため、売り手側の企業は専門家として、顧客の信頼を獲得する必要があります。

完璧な専門家になるのは大変ですが、専門家を「演出」するのはむずかしくありません。インターネットで世界中の情報にアクセスできるし、資料は書店に行けば手に入ります。もちろん、コピペや流用はご法度ですが、収集した情報を整理して自分なりに編集すれば、コンテンツが完成します。これをコーポレートサイトやオウンドメディアで発信、あるいはリスティング広告の受け皿となるランディングページに掲載。さらに、ダイレクトメール、ノウハウブック、ニュースレターと、「販促の設計図」の6つの重要パーツで威力を発揮します。ここでいうコンテンツとは、①ノウハウ・ヒント・コツ ②成功マニュアル ③具体的な事例集 を指します。

自身の会社を専門家と位置づけることで、3つのメリットがあります。1点目は、見込客からの信頼を得やすくなること。会ってもいない状態から、エンゲージメントが生まれます。2点目は、商談を進めやすくなること。人は誰かから何かを得たとき、「お返ししなければ申し訳ない」気持ちになる「返報性の原理」という心理作用があります。見込客がコンテンツを読み、学びや気づきがあれば、仕事の発注という形で返報される可能性が高まります。3点目は、魅力あるコンテンツづくりは再現性が高いこと。別の商品でも応用すれば、同様の成果を得る確率が高まります。めざすのは、専門家。コンテンツをつくる手間は、必ず売上という形で戻ってきます。

▶ 図2-14 　コンテンツづくりは「専門家」への
　　　　　　最短ルート

インターネット

関連書籍

自社オリジナルの「コンテンツ」

| ノウハウ・ヒント・コツ | 成功マニュアル | 具体的な事例集 |

6つの重要パーツで展開

| コーポレートサイト | リスティング広告 | コンテンツSEO |
| ダイレクトメール | ノウハウブック | ニュースレター |

3つのメリット

1　見込客からの信頼を得やすくなる

2　その後の商談を進めやすくなる

3　再現性が高く、別の商品で応用可能

» Column 01

● PULL型媒体とPUSH型媒体のちがい

　販促の設計図における「発掘」のステージでは複数の媒体があり、「PULL型」と「PUSH型」に分かれます。PULL型は、見込客の心理や行動を予測し、受け皿を用意しておく方法。最大のメリットは、見込客を追いかける必要はなく、仕組みさえできれば自動的に集客できることです。デメリットは、誰が反応するかわからないため、相手を予測できないこと。リスティング広告やコンテンツSEO、展示会・セミナー、マス広告やターゲット広告がこれに該当します。一方、PUSH型媒体は、見込客に対して売り手側の企業が働きかける方法です。メリットは、欲しいものがはっきりしない見込客に、「こんな素晴らしい商品がある」と気づかせることができる点。つまり、潜在ニーズを発掘できます。テレアポやダイレクトメールがこれに当たりますが、テレアポは社員に負担を強いる必要があります。

　では、PULL型とPUSH型、どちらに力を注ぐべきでしょうか？ 結論からいえば、あなたの会社がねらう顧客層で決まります。くわしくはこの後解説しますが、業態、ビジネスモデル、窓口担当者の属性、商品価格などをふまえて検討する必要があります。偏ったマーケティングはリスクが大きいため、PULL型とPUSH型のハイブリッドが効果的です。3-4で紹介していますが、筆者の会社の場合は紹介・口コミを除くと、PULL型ではリスティング広告とコンテンツSEO、PUSH型ではダイレクトメールで集客しています。圧倒的にPULL型のほうが費用対効果は高いのですが、PUSH型の良さもあります。取引したい企業だけに送付できるので、大企業からの引き合いなど意外な成果を生むことがあるからです。

　次の章では、設計図のつくり方をご紹介します。PULL型とPUSH

型を上手に組み合わせて、あなたの会社に相応しい「販促の設計図」
を完成させてください。

▶ 図2-15　**PULL型・PUSH型媒体の種類と
メリット・デメリット**

	PULL型	PUSH型
媒体の種類	リスティング広告 コンテンツSEO 展示会／セミナー マス広告／ターゲット広告	テレアポ／訪問 ダイレクトメール
メリット	● 自動的に集客する仕組みができる ● 一切、ストレスがかからない ● 成功すれば再現性が高い	● 潜在的なニーズを発掘できる ● 取引したい顧客企業を選べる ● タイミングが合えば即商談も可能
デメリット	● やって来る見込客を予測できない ● 見込客の心理・行動を知るのが困難 ● 高度なクリエイティブが求められる	● テレアポはストレス・負担がかかる ● メールは顧客の機嫌を損ねることも ● 近年、費用対効果が下がる傾向に

商談機会が倍増する「販促の設計図」とは?

発掘・誘引・獲得・追跡の4ステップで考える

☐ 「発掘」では、あらゆる集客の可能性をイメージする

☐ 「誘引」では、第一印象を高めて商談を優位に進める

☐ 「獲得」では、「いますぐ客」だけでなく「そのうち客」に着目

☐ 「追跡」では、定期的な顧客フォローを仕組み化する

売上増の重要なカギとなる6つのパーツを理解する

☐ 自動的に見込客が集まる仕組みをつくるのが目的

☐ 他力本願で再現性のない「紹介・口コミ」に期待しない

☐ 集客するマーケティングと、成約するセールスは別物

☐ 売り手の都合でなく、買い手の立場で情報を発信

「販促の設計図」をつくるときのポイントとは

☐ MAを導入し、あらゆる見込客の行動を一元管理

☐ B2Bは細かな指標よりも、LTVの最大化を優先

☐ 商品のスペックではなく、顧客のメリットを伝える

☐ 有益なコンテンツを発信し、「専門家」と位置づける

Chapter 3

実践！
設計図のつくり方

01 設計図づくりの第一歩は顧客を選ぶ・知ること

☐ 対象顧客のペルソナを中心に4つの状況をイメージ

　この章では、設計図のつくり方を解説します。

　ポイントは大きく2つです。1つ目は、顧客を選ぶこと。ここでいう「選ぶ」顧客とは、取引したい法人（企業）と、個人（窓口担当者）を指します。「商品を買ってもらえるなら、どんなお客様でも構わない」という姿勢では商品は売れないし、価格で選ぶ顧客しか集まりません。つまり、「売り手のあなたが、買い手のお客様を選ぶ」必要があります。2つ目は、顧客を知ることです。ここでいう「知る」こととは、単に顧客企業の規模・業種・ビジネスモデルだけではなく、窓口担当者の属性・心理・行動などを含めます。つまり、正しい「販促の設計図」をつくるには、ターゲットとする顧客を深くイメージすることが大切なのです。

　顧客を選ぶ・知るためには、対象顧客のペルソナ（法人・個人）を中心に、4つの状況をイメージします（右図）。「ネットとの親和性」は、商品自体や周辺の課題について、インターネットで調べるかどうか。PCやスマホが普及したとはいえ、検索ワードがない、あるいは見つかりにくい場合、Webマーケティングでの効果は見込めません。「ニーズの顕在性」とは、課題や悩みが明確かどうか。課題を認識していない場合は、ニーズを掘り起こす必要があります。「発注・仕入の流動性」とは、発注先・仕入先を変えるためにかかる手間や労力のこと。業界や企業の内部事情から、変えられない見込客にアプローチをしても無駄ということです。最後に「表現への感受性」です。例えば、窓口担当者がITベンチャーで働く若い女性の場合と、保守的な老舗企業に勤める中年男性の場合を想像してください。おのずとアプローチ方法が変わるはずです。

▶ 図3-1

顧客を選ぶ／顧客を知るために 4つの状況をイメージ

正しい「販促の設計図」をつくるには
対象顧客を正しくイメージすることが大切

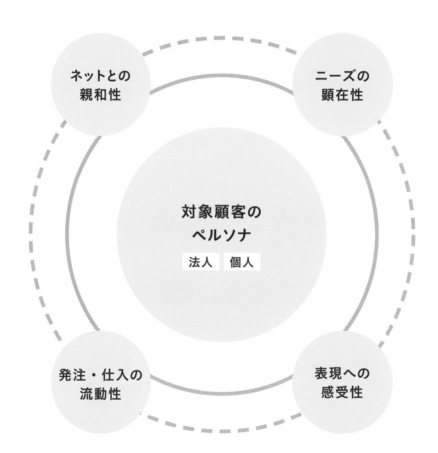

02 ターゲットを設定するための「法人・個人のペルソナ」

個人のペルソナを重視し、くわしく具体的に思い描く

マーケティングにおけるペルソナとは、「自社の商品やブランドの対象となる人物像」を指します。具体的かつ詳細にイメージすることで、その人物に対する効果的な広告・販売戦略を練ることができます。例えば、青山の高級フレンチレストランの場合、こんなペルソナをつくると効果的です。

「名前は本城美奈子。外資系保険会社に勤務するキャリアウーマン。37歳で独身、都内在住。年収800万円。趣味は年2回の海外旅行、好きなブランドはエルメス。週末には友人数人と、都心にある話題のレストランをめぐることが多い」

これはB2Cの場合のペルソナで、B2Bでは少々異なります。それは、法人と個人のペルソナが必要なことです。法人のペルソナはコーポレートサイトの企業情報を参考にします。社名、創業年、本社所在地、従業員数、グループ会社の有無、国内外の拠点、売上高、営業利益、業界・業態、ビジネスモデル、事業の将来性、上場・非上場などの会社の属性。さらに、自分の会社の商品を導入して解決できる課題をイメージし、取引したい顧客を想像しながら設定します。

次に、個人のペルソナですが、法人のペルソナよりもはるかに重要度が高くなります。大企業でも、発注先を決めるのは個人。また、決裁者ではなく、初めの接点となる窓口の担当者をイメージします。なぜなら、最初の商談機会を得るには、担当者の共感を得る必要があるからです。

ペルソナ以外のお客様は無視して構いません。なぜなら、ターゲットを広げたせいで重要な顧客を失うよりも、ターゲットを限定して重要な顧客の満足度を高めるほうが、強力なメッセージを伝えることができるからです。結果として、費用対効果の高いマーケティングを実現できます。

▶ 図3-2 | **法人のペルソナと個人のペルソナを 具体的に設定**

当社の商品「社内報」のペルソナ

法人のペルソナ
メディカルサイエンスグローバル株式会社

北陸の聴診器メーカーとして、1925年に創業。5人のベンチャー企業から戦後の混乱を経て、医療機器分野に進出。赤坂のミッドタウンタワーに本社があり、従業員数は単体で6,500人、連結では30,000人。連結子会社は国内4社、海外8ヶ国で展開。東証一部上場、株主数は20,000人。売上高8,000億円（連結）、営業利益は1,000億円。精密機械部品のメーカーとして、研究開発に力を注ぐ。高度経済成長とともに日本経済を支える企業へと成長。1968年に店頭公開、1972年の東証二部を経て、1978年に東証一部に市場替え。現在、社内風土改革に取り組んでいる。社内の経営企画、広報、マーケティングの方向性・統一感が発揮されておらず、無駄が多いという指摘も。外部からの提案も含め、より客観的な視点から社内・社外向けの制作物の検討が議題に挙げられている。

個人のペルソナ
広報部マーケティング課　広瀬美穂

2010年に新卒で入社。33歳で独身。都内私立大学を卒業。昨年の春に営業部から異動となる。年収は550万円。父親は現在ドバイに赴任中、母親は専業主婦、弟1人の2人兄弟。学生時代はテニス部に所属。趣味はハーブづくり。正義感が強く会社への忠誠心もある。社内の信望も厚い。多くの仕事を大手広告代理店や大手印刷会社に発注しているが、仕事の質ややり方に問題があると認識している。毎年同じ発注先に依頼しているが、企画を考えるのは下請けのため、要望が反映されづらい、対応が遅いという点に不満がある。異動2年目に入り、少しずつ自分のやり方を主張しているところ。勉強会にも積極的に参加し、情報収集にも余念がない。

03 対象顧客の習性や行動を探る「8つのチェックリスト」

☐ どのパーツに比重を置くかを決める方法とは?

「8つのチェックリスト」を使い、パーツの優先順位をつけていきましょう。

① 発注先探しに Google 検索を使う

希望する製品・サービスが明確であり、検索キーワードが想定できるなら、「リスティング広告」が最適。費用対効果は最も期待できます。

② インターネットで必要な情報を収集する

課題が想定できるなら、「コンテンツ SEO」で接点をもつと効果的です。

③ 実績や事例など信頼を重視する

実績や事例など情報を「コーポレートサイト」に掲載し、「ダイレクトメール」ほか、展示会／セミナー、ターゲット広告からの流入を検討します。

④ 発注先・仕入先を気軽に変更できる

商品の魅力に気づかせることが必要。問い合わせフォームの営業メールは無視される傾向にあり、ここでは「ダイレクトメール」が力を発揮します。

⑤ 性能が良ければ、高価格でも購入したい

「ノウハウブック」「ニュースレター」で、ブランドを感じさせます。

⑥ 積極的により良い商品を探す

展示会や「リスティング広告」「コンテンツ SEO」で接点を増やします。

⑦ 商品の決定に時間とプロセスを要する

信頼構築が欠かせないため、「コーポレートサイト」上に豊富なコンテンツを提供します。「ノウハウブック」も有効。

⑧ 広告宣伝や表現への感性が高い

Web マーケティングだけでは、差別化をするのは困難です。「ダイレクトメール」「ノウハウブック」「ニュースレター」など印刷物が最適です。

▶ 図3-3 | 対象顧客に有効なパーツを知る
8つのチェックリスト

対象顧客に有効なパーツを知る8つのチェックリスト

発注先探しに Google検索を 使う	インターネットで 必要な情報を 収集する	実績や事例など 信頼を重視する
発注先・仕入先を 気軽に変更できる	**商品を 売りたい顧客は…？** 	性能が良ければ、 高価格でも 購入したい
積極的に より良い商品を 探す	商品の決定に 時間とプロセスを 要する	広告宣伝や 表現への 感性が高い

04 最大の難所である集客に効く「3パーツの優先順位」

☐ 見込客のニーズが顕在化しているか、勉強熱心かどうか

優れたマーケティングは、セールスを不要にする──。これは"マネジメントの父"といわれた、ピーター・F・ドラッカーの言葉です。昨今、多くのB2B企業にとっての悩みは、取引先を増やすことですが、そのなかでも競合が増加し、効率的な接点づくりに頭を悩ませています。ここでは、集客における3つのパーツの優先順位を考えてみたいと思います。

現在はさまざまな集客方法があります。SNSを活用した集客術、動画を使ったYouTubeマーケティング、新規顧客を開拓する営業代行、数万人が参加する展示会への出展……。ところが、効果の出ないケースがほとんどです。筆者もいろんな戦術を取り入れてきましたが、現在は3つの方法だけで集客をしています。これらは業界や商品により、効果に大きな差が出るため、優先順位を考える必要があります。

取引したい顧客企業にとって、具体的な商品名が明確な場合、あるいはネットで検索するワードが存在する場合は、「リスティング広告」が最適です。一方、商品のニーズはあいまいながら、多くの顧客企業に共通した課題・悩みがある場合には、「コンテンツSEO」が適しています。これらはWebマーケティングにおける"両横綱"です。一般的にB2Bの場合、対象が限られるためSNSは不向き。また、動画は効果的ですが、YouTube上で検索することは少ないため、ランディングページやオウンドメディアで活用するほうがベターです(Column 02参照)。欲しい商品や解決すべき課題が顕在化していない、あるいは現状に大きな不満がない見込客のニーズを掘り起こしたいのなら、"切り札"の「ダイレクトメール」が最適。一般的に、勉強熱心で行動的な顧客にはリスティング広告とコンテンツSEO、そうでない顧客にはダイレクトメールが適しています。

▶ 図3-4 ┃ **顧客企業の担当者の状態・行動で
決まる3つのパーツの優先順位**

Webマーケティングの"両横綱"

**リスティング
広告**

**コンテンツ
SEO**

SNS 　動画　 営業
代行　 プレス
リリース

展示会 テレ
アポ マス
広告

顧客企業の担当者

【状態】
勉強熱心・
行動的・積極性

【行動】
インターネットで検索

あなたの会社

【対策】
受け皿を用意しておく

✚

ニーズを掘り起こす"切り札"

ダイレクトメール

顧客企業の担当者

【状態】
保守的
課題に気づいていない

【行動】
自らは行動しない

あなたの会社

【対策】
働きかける必要がある

05 失注客とそのうち客を育てる「機会損失を防ぐ仕組み」

■ ニュースレターでつながりを保ち、自社メディアへ誘導

　接点をもったばかりの「見込客」。まだ商品を買う気になっていない「そのうち客」。商談をしたものの発注してくれなかった「失注客」。ほかにも、しばらく取引のない「休眠客」、めったに発注のない「単発客」、他社に乗り換えた「浮気客」など、状況はさまざまです。本気で顧客を増やしたいと思うなら、普段から取引のある「既存客」だけでなく、顧客接点を最大限に増やす努力をしなければなりません。常に新規のお客様を開拓するだけでなく、すでに接点のあるお客様にアプローチすることも重要です。

　ところで、MAなどのシステムを導入し、効率的に顧客管理ができるようになったものの、フォローを営業スタッフ任せにしていないでしょうか。勤務時間が限られるなか、見込客のフォローを営業スタッフにさせるのは無理があります。顧客にとっても、電話や訪問は迷惑に感じるため、つながりを保つには仕組み化が必要。「ニュースレター」が最も効果的で、見込客が読みたいコンテンツを編集し、定期的に送付するだけ。さらに、メールマガジンから自社のオウンドメディアに誘導できれば万全です（9-5参照）。

　B2Bの場合、「年度内の予算が足りなかった」「既存の取引先に泣きつかれた」「決裁者が保守的で、導入にふみ切れなかった」など、顧客企業内の問題で受注できないケースも少なくありません。ただ、年度が変わる、決裁者が代わるなど、状況が変化すれば取引の機会が復活することも。手元の「ノウハウブック」を読む。「コーポレートサイト」を訪問する。そんな些細なきっかけで、商談にいたることも十分にあり得ます。つまり、機会損失を防ぐには、失注客とそのうち客を育てるニュースレターやメールマガジンでつながりを継続し、コーポレートサイトやオウンドメディアへと誘導する仕組みが必要なのです。

▶ 図 3 - 5　**定期的な情報配信で、新たな商談機会が自動的に発生**

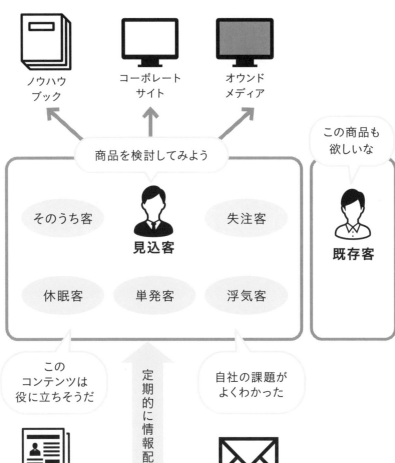

ノウハウ
ブック

コーポレート
サイト

オウンド
メディア

商品を検討してみよう

この商品も
欲しいな

そのうち客

失注客

見込客

休眠客　　単発客　　浮気客

既存客

この
コンテンツは
役に立ちそうだ

定期的に情報配信

自社の課題が
よくわかった

ニュース
レター

あなたの会社

メール
マガジン

06　6つのパーツを中心に設計図をつくってみよう

☐ 顧客を深くイメージし、楽しみながらストーリーを描く

　「販促の設計図」づくりには、顧客への深い理解が必要です。商品を売りたい顧客企業では、窓口の担当者がどんな心理状態で、どんな行動をとるのか。顧客を知れば、設計図は完成したのも同然です。

　まず、売りたい商品を選びましょう。1つの商品につき、設計図は1つです。最初に、ターゲット設定のため、フレームワーク①「法人・個人のペルソナ」をイメージします。B2Bといえども、発注先を決めるのは"人"。個人のペルソナが重要です。次に、ターゲットの習性や行動を想像します。特にWebリテラシーの有無は、設計図の構造に大きく影響するため、フレームワーク②「8つのチェックリスト」を参考にしてください。3番目は、集客について。フレームワーク③の3つのパーツを中心に優先順位を考慮します。ただし、テレアポが効果的な業界もありますので、客観的に最適なパーツを選びましょう。最後はフレームワーク④。機会損失を防ぐため、そのうち客や失注客に対して定期的に接点をもつ仕組みをつくります。この順序で考えていくと、自身の会社に合った「販促の設計図」が完成します。

　ところで、"設計図"というと堅苦しく考えてしまいがちですが、お客様のことを想像して楽しみながらつくることが大事です。「カスタマージャーニー」という言葉がありますが、見込客が商品を知り、調べ、購入するまでの感情や行動のプロセスを指します。同様に設計図をつくるときも、対象顧客との出会いから商談、成約、失注後の再びの商談、さらにリピートや他の商品の販売と、ストーリーを楽しく思い描くことが大切です。楽しむ気持ちが6つのパーツの品質に現れるため、成果を左右するからです。

　次ページからはさまざまな業種の企業を想定して、作成した事例を紹介します。設計図づくりの参考にしてください。

▶ 図3-6 │ 「販促の設計図」づくりの流れ

売りたい商品を決める
POINT　1つの商品につき、設計図は1つ

顧客企業を選び、ターゲットを設定する
POINT　法人・個人のペルソナ

担当者の習性と行動を理解する
POINT　8つのチェックリスト

見込客を集める方法の優先順位を決める
POINT　3つのパーツを中心とした集客

機会損失を防ぐ仕組みを考える
POINT　ニュースレターを使ったフォロー

「販促の設計図」が完成！
POINT　ストーリーを楽しく思い描く

能動的に提案を持ちかける
営業が効果的

　業務の効率化や品質向上を目的に、システム導入を提案するITベンダー。物流業界はアナログ中心で、システム導入を検討しても、インターネットで情報を収集して積極的に進める企業は多くありません。

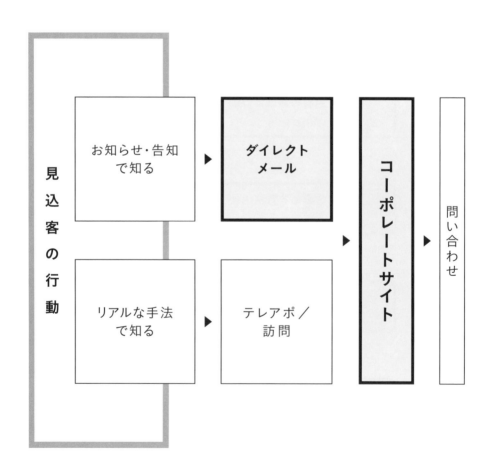

POINT1　ダイレクトメールを集客の柱に
　シンプルに社長あてに手紙を書くのが最も効果的です。
POINT2　ダイレクトメールとテレアポを使い、アナログに徹する
　そのうち客と失注客のフォローには、読むのが面倒なニュースレターより、御用聞き電話のほうが効果的です。
POINT3　受け皿のコーポレートサイトやノウハウブックに投資する
　社内での取引検討のため、お客様の声や事例を豊富に掲載しましょう。

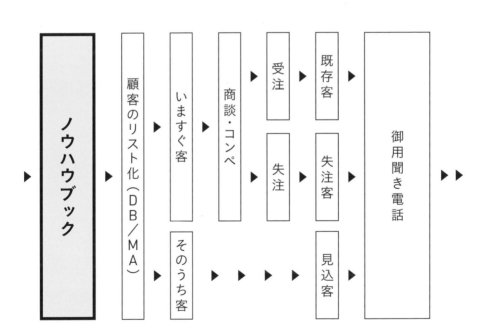

顧客接点を幅広くもち、 その後のフォローも重要

　工作機械を扱う商社にとって、買い手は幅広いため、インターネット、 展示会、業界誌の広告など接点を増やす工夫が必要です。高額な工作機械 は決裁に時間がかかることを想定し、フォローにも力を注ぎます。

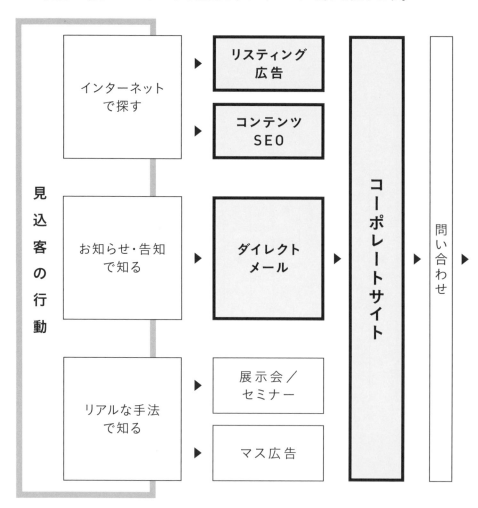

POINT1　製造業はすべて見込客になるため、接点をできるだけ増やす

　大手企業には Web マーケティング、中小企業はダイレクトメールを使い、顧客接点を幅広くするように努めます。

POINT2　今後の取引のためにニュースレターで十分なフォローを

　別機能をもつ工作機械の販売機会のために、十分にフォローをしましょう。

POINT3　初期投資は LTV を高めれば十分にペイできる

　商社では、販売先を増やせば十分に利益を回収できます。

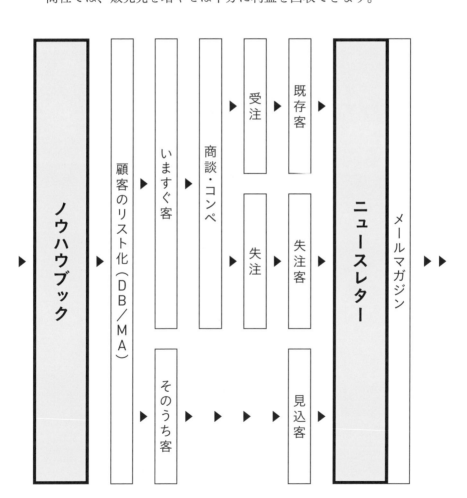

専門家として、コンテンツで差別化する

　仕出弁当・給食業者が抱える日々の献立づくり、新商品・新レシピの悩みに答える献立やレシピのアイデアを、オウンドメディアで発信するほか、ダイレクトメールやノウハウブック、ニュースレターに掲載します。

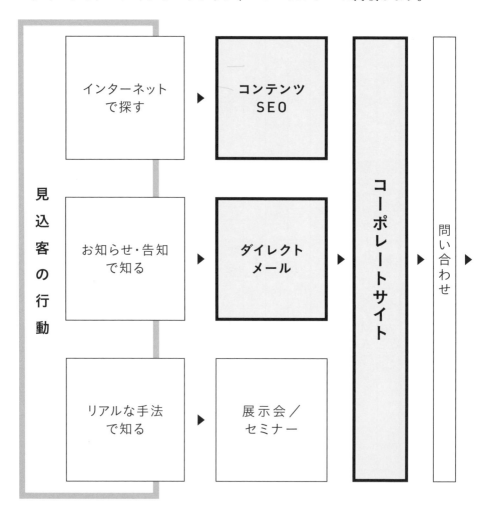

見込客の行動

インターネットで探す	→	コンテンツSEO
お知らせ・告知で知る	→	ダイレクトメール
リアルな手法で知る	→	展示会／セミナー

→ コーポレートサイト → 問い合わせ →

POINT1　大小さまざまな企業に向け、デジタルとアナログの両面で集客
　ダイレクトメールは中小、コンテンツ SEO と展示会は大企業に効きます。

POINT2　役立つ情報をオウンドメディアに掲載してブランド化
　「冷凍食品」で検索するユーザー向けのリスティング広告ではなく、献立・レシピで悩む栄養士にとって役立つ情報を発信し、共感を獲得します。

POINT3　コンテンツを定期的に発信し、多くのメディアに露出させる
　オウンドメディアで掲載するコンテンツは、見込客との接点のために流用。

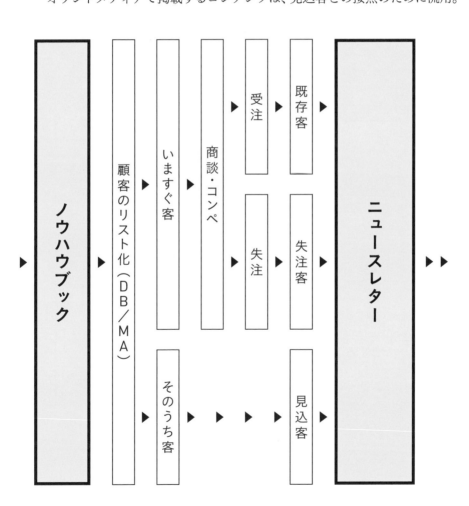

シンプルに集客・商談・フォローを仕組み化

　リスティング広告からの集客が8割、つづいてダイレクトメール、コンテンツSEOからの新規流入はわずかです。オウンドメディアを見た見込客との商談率が高く、記事にたどり着きやすくなるよう工夫しています。

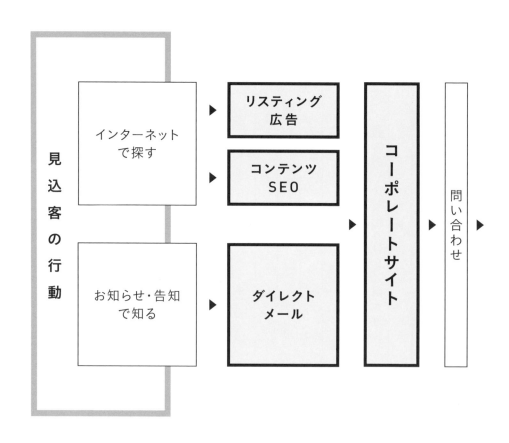

...

POINT1　顕在ニーズにリスティング広告、潜在ニーズにダイレクトメール
　2つの販促手法に加え、コンテンツSEOを受け皿とします。

POINT2　見込客がコーポレートサイトを回遊しながら情報を獲得
　コンテンツ・動線を重視し、ノウハウブックで商談につなげます。

POINT3　ニュースレターとメールマガジンで機会損失を防ぐ
　ニュースレターで、そのうち客や失注客からの反応を獲得。さらに、2週間に1回配信するメールマガジンで、オウンドメディアに誘導します。

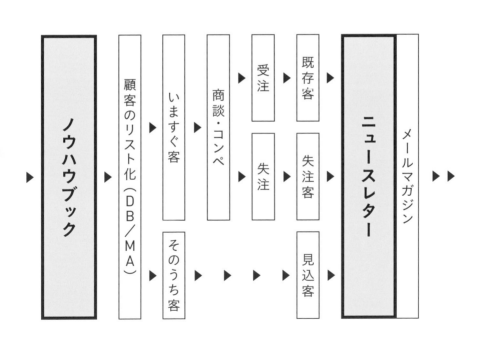

実践!
設計図のつくり方

顧客を選ぶ、顧客を知ることが第一歩

- [ ] Webマーケティングを見定める「ネットとの親和性」

- [ ] 課題や悩みが明確かを測る「ニーズの顕在性」

- [ ] 取引の可否を推察する「発注・仕入の流動性」

- [ ] 窓口担当者のペルソナで決まる「表現への感受性」

顧客を選ぶ・知るためのフレームワーク

- [ ] 取引したい企業と窓口担当者のペルソナを設定する

- [ ] 8つのチェックリストで、ペルソナに有効なパーツを探る

- [ ] 集客では、ニーズの顕在・潜在でパーツの優先度を決定

- [ ] 取引の機会損失を防ぐため、自動的につながりを継続

- [ ] 堅苦しく考えず、楽しみながらストーリーを描くのがコツ

- [ ] 「販促の設計図」は業態により、100社あれば100通り

Chapter 4

法人顧客が必ず訪れる「コーポレートサイト」

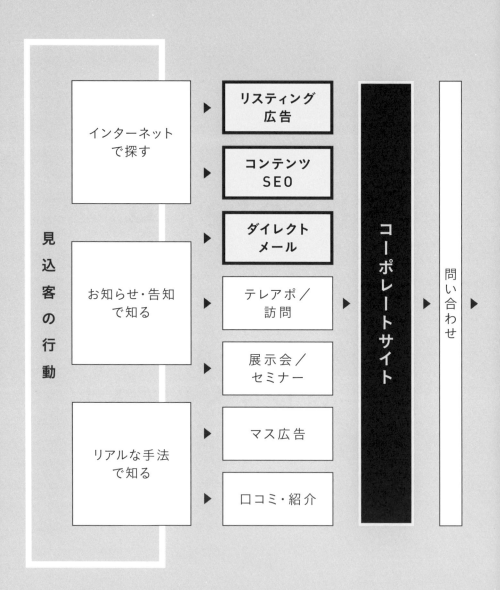

見込客の行動

インターネット
で探す

お知らせ・告知
で知る

リアルな手法
で知る

リスティング
広告

コンテンツ
SEO

ダイレクト
メール

テレアポ／
訪問

展示会／
セミナー

マス広告

口コミ・紹介

コーポレートサイト

問い合わせ

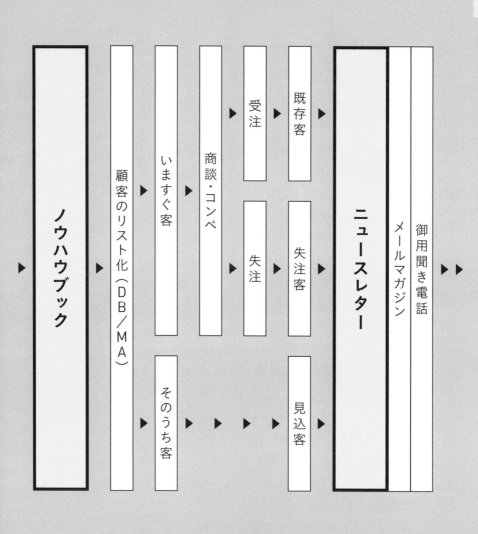

01 なぜ、コーポレートサイトが それほど重要なのか

☐ インターネットでの情報収集が増え、必ず訪問する場

この章からは、「販促の設計図」で重要な6つのパーツのポイントを解説します。

コーポレートサイトとは、企業自体の公式Webサイトのことで、取引先、エンドユーザー、サプライヤー、株主・投資家、就職希望者、地域住民など、あらゆるステークホルダとのコミュニケーションの場として設けられます。会社概要、製品・サービス情報、採用情報、ニュース・トピックスほか、上場企業であればIR情報などが主なコンテンツです。コーポレートサイトが売上アップに重要な理由は、大きく2つあります。

まず、買い手側である顧客企業の変化です。製品・サービスの導入を検討するための情報収集は、サプライヤーの営業スタッフから話を聞いたり、展示会やセミナーに参加したりするのが普通でしたが、ここ10年で圧倒的にインターネットで情報収集する企業が増えてきました。理由として、検索により効率的に情報が得られることだけでなく、動画やオンラインセミナーなどの技術革新や、「売り込まれたくない気持ち」があります。

次に、B2Bでは必ずコーポレートサイトを訪問するからです。2-3でも述べましたが、B2Bは購買の決定に際して上司や決裁者の承認が必要です。そのため品質以外に、販売する企業についても十分に調査しなければなりません。調査するための方法は、コーポレートサイト。売り手にとっては、ここで情報提供を怠れば、大きな機会損失につながります。

Webマーケティングや展示会で顧客との接点が得られても、コーポレートサイトに十分な情報がなければ、お客様は次に進みません。商談はすでに、コーポレートサイトから始まっているのです。

▶ 図4-1　　B2Bは十分な情報提供が必要

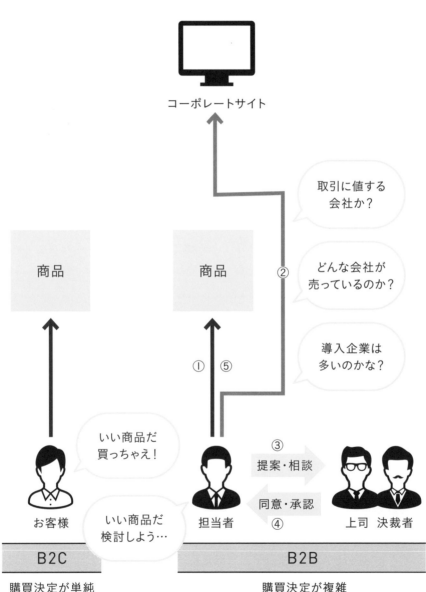

コーポレートサイト

取引に値する
会社か？

どんな会社が
売っているのか？

導入企業は
多いのかな？

商品　　　　　　　　商品

②

①　⑤

いい商品だ
買っちゃえ！

③
提案・相談

同意・承認
④

いい商品だ
検討しよう…

お客様　　　　　　担当者　　　　　上司　決裁者

B2C　　　　　　　　　　　　B2B

購買決定が単純　　　　　　　　　　購買決定が複雑

02 Webサイトの種類と構成

見込客が価値を感じるサテライトサイトで目的を補完

　企業が取引先の拡大を考えたとき、コーポレートサイトに力を入れるだけでは困難で、売上アップにむけ補完するサイトが必要となります。これを「サテライトサイト」といい、メインサイトをコーポレートサイトとした場合に、これを衛星のように取り囲むサイト群を指します。Amazonを筆頭とするインターネット通販の「ECサイト」では典型ですが、B2Bの場合も売上を上げるには欠かせません。

　代表的なものに「ブランドサイト」があります。製品・サービスごとや、顧客企業の業態ごとにサイトを立ち上げることで、訪問した顧客の共感を得やすくなります。例えば、工具を扱う商社なら、「ヤスリ」や「ハンマー」など商品別、「切削」や「穴開け」といった機能別のサイトを設ける。あるいは「自動車メーカーむけ」「工務店むけ」と業界別にサイトを設けるケースもあります。また、リスティング広告をクリックした先に設置する「ランディングページ」や、コンテンツSEOとしてニーズに合った顧客の訪問を促す「オウンドメディア」も、サテライトサイトの一つです。

　これまで、サテライトサイトはメインサイトと異なるドメインを利用し、SEO対策を目的として立ち上げることが多く、大量のサイトをつくって被リンク数を増やすという手法が存在していました。ところが現在では、サテライトサイトにも質が求められるようになったため、メインサイトへの誘導を増やすには、各サテライトサイトのコンテンツの充実を図る必要があります。サテライトサイトのほかにも、就職希望者むけの「リクルートサイト」、節目の年に会社の歴史を伝える「周年記念サイト」、気軽に動画を投稿できる「YouTubeチャンネル」などがあります。これらを上手く使えば、初めて訪問した見込客にブランドを感じさせることができます。

▶ 図4-2 | **メインサイトを取り囲むサテライトサイトで
企業価値を向上**

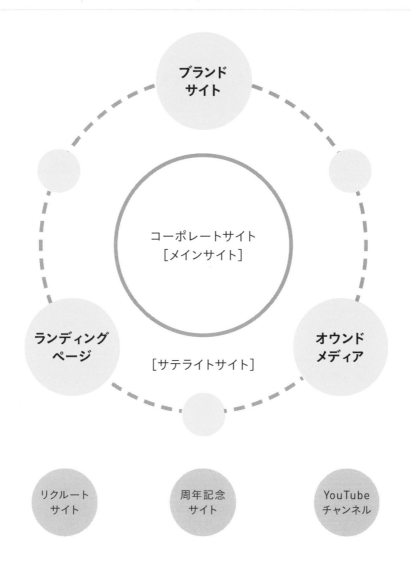

ブランド
サイト

コーポレートサイト
［メインサイト］

ランディング
ページ

［サテライトサイト］

オウンド
メディア

リクルート
サイト

周年記念
サイト

YouTube
チャンネル

03 「インターネットでは 売れない……」の 大きな誤解

☐ 高額商品を扱う会社は、「接点をつくる」ことに注力

　特に戦略を立てずに制作したコーポレートサイトを、「うちの会社は紹介で成り立っている」「簡単に売れる商品ではない」「そもそも訪問してくれない」という理由で使いつづけている会社もあります。しかし、これは大きな誤解であり、販売機会を失っている可能性があります。

　筆者が初めてインターネットで購入した商品は、会社の「印鑑」でした。2万円くらいの低額商品で、「印鑑　法人　格安」みたいなキーワードで検索したと記憶しています。2005年頃の話ですが、価格の安いコモディティ商品では、すでにB2Bにおいてもネット通販会社が乱立していました。そのため4〜5社のECサイトを見て、価格が2番目に高くとも、信頼できそうな会社にお願いしました。Webサイト上で十分な情報を提供していて、価値を感じさせられたからです。

　それから10年以上が過ぎ、初めてのオフィス移転の際には、レイアウト・デザインをお願いできる会社をインターネットで検索しました。多くの内装会社にWeb上で相談したり、資料や事例をダウンロードしたりしました。このときは高額のため、いくつかの内装会社を訪問し、最終的には、最もWebサイトの情報が充実している会社に発注しました。また、機能性の高い椅子も探していたので、「オフィス　椅子　ショールーム」で検索し、複数メーカーの椅子を試せる卸と出会い、さっそくショールームを訪問。直販よりも価格が安い、15脚のドイツ製の椅子を一括購入しました。

　低額商品はともかく、昨今は高額商品でも、見込客との出会いはほとんどがインターネットです。たしかに、Webサイトだけで売上を得るわけではありませんが、顧客接点がなければ売上にはつながりません。「インターネットで接点をつくる」ことに力を注ぎましょう。

▶ 図4-3　　高額商品では「接点づくり」が重要

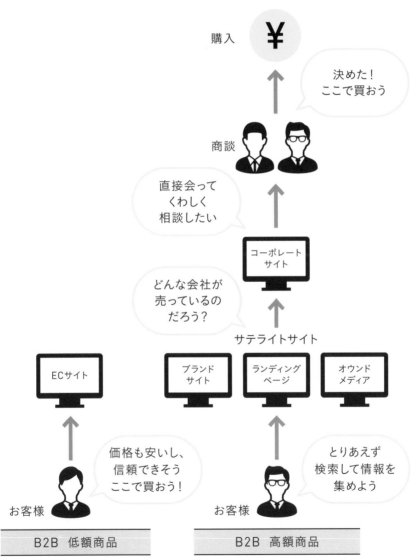

購入　¥

決めた！
ここで買おう

商談

直接会って
くわしく
相談したい

コーポレート
サイト

どんな会社が
売っているの
だろう？

サテライトサイト

ECサイト　　　ブランド
サイト　　　ランディング
ページ　　　オウンド
メディア

価格も安いし、
信頼できそう
ここで買おう！

とりあえず
検索して情報を
集めよう

お客様　　　　　　　　　　お客様

B2B 低額商品　　　　　B2B 高額商品

B2Cと同様、
意思決定がスピーディー　　Webサイトは
「接点づくり」のきっかけ

04　製品・サービスごとの
　　　ページを充実させる

☐ 見込客の関心は"メリット"と知り、2つの疑問に回答

　コーポレートサイトを訪問するユーザーはさまざまですが、各ステークホルダにむけた情報を、ただ網羅するだけでは十分な機能を果たせません。そこで、主要ユーザーを「初めて訪問する見込客」に絞ることがポイントです。その理由は、会社の売上の最大化に最も貢献するユーザーだから。では、「初めて訪問する見込客」は、何に関心があるのでしょうか？

　会社はもちろん、社長、経営理念、会社概要、沿革にも、ひょっとしたら、製品・サービス自体にも興味がないかもしれません。見込客の関心は自分自身にとっての利点、「メリット」です。そこで、コーポレートサイトは、見込客が感じる2つの疑問に答えるものでなければなりません。

① なぜ、この商品を買わなければならないか
② なぜ、この会社から買わなければならないか

　見込客はこれらの疑問を持ちながら検討しているものです。多くのコーポレートサイトでは、疑問への回答が明文化されておらず、会社が言いたい理屈が書かれているため、情報のミスマッチが起きているのです。

　そこで、1つ目の疑問には、商品の購入によって解決できる課題を伝え、得られる「満足」を明示します。具体的に、導入後の未来がイメージできるよう、お客様の声や導入実績などが効果的です。2つ目の疑問には、競合他社を意識した情報提供が効果的で、他社の商品と比較した場合の品質、費用対効果、アフターサービス、ブランドなど「価値」を伝えましょう。見込客はいろんな商品のなかから選択するのだと意識します。コーポレートサイトは見込客が必ず訪れる場所だからこそ、ここで生まれる「共感」が、後々の商談で大きなアドバンテージにつながります。

▶ 図4-4 | **"買い手"である見込客の共感を得る2つのポイント**

当社は…
社長は…

商品は…
機能は…

売れていない会社

ミスマッチ ✕

私が知りたい
情報は、それじゃない…

見込客

あなたの
メリットは…

他社商品との
ちがいは…

売れている会社

共感

私のことを、
よくわかってくれている!

見込客

売り手	買い手

コーポレート
サイト

1

なぜ、この商品を
買わなければならないか

▼

そもそも商品を買う理由

2

なぜ、この会社から
買わなければならないか

▼

この会社から買う理由

05 デバイスごとの最適化と ユーザー体験の向上

☐ レスポンシブ対応と、訪問者を満足させるUI/UX

　B2Bの情報収集は近年スマホ利用者が増えています。会議で不明点やデータをスマホで検索し、「○○のサイトには、○○と書かれてあります」と発言する社員の行動も目にしますし、仕事熱心なビジネスパーソンは、通勤電車の中で情報収集することもあります。ところが、いまだにコーポレートサイトが、マルチデバイス対応になっていない企業も少なくありません。

　マルチデバイスとは、Webサイトやインターネット上のサービスを、複数の端末で共通して利用できる手法のことで、PC、タブレット、スマホなど各種端末において、ユーザーに最適な画面を表示します。従来のPC版だけでは、スマホで見ると文字が小さく表示され、読むたびに拡大する必要があります。バナーもクリックしづらく操作が面倒です。これでは、せっかく訪問してくれた見込客の直帰率が高くなってしまいます。各デバイスで最適な画面を提供する方法としては、レスポンシブデザインが主流。デバイスごとに複数のサイトをつくる必要はなく、同一コンテンツでもブラウザサイズが変わると自動的に表示が変わります。

　UI（ユーザーインターフェース）とUX（ユーザーエクスペリエンス）も重要です。UIは、フォント、デザインなど視覚にふれる部分で、UXは動線や検索、問い合わせなど行動に直結する部分を指します。昨今、これらUI/UXはよりユニークな構造や、意外性のあるアクションが求められるようになりました。文字や写真が重なった構造で、動きが異なる視差効果をねらったものや、スクロールするたびに新たなコンテンツが登場するものなど、工夫を凝らしたサイトが増えています。「見やすい」「商品を探しやすい」だけでなく、初訪問時にスムーズかつストレスなく情報を収集し、商品や会社に共感をもってもらうのがねらいです。

▶ 図4-5　デバイスごとに情報の伝え方を最適化

あなたの会社

同一のコンテンツ

マルチデバイス

UI / UX

PCユーザー

タブレットユーザー

スマホユーザー

欲しかった情報がスムーズに得られたし、
商品にも、会社にも共感できた！

06 | 訪問者に足跡を 残してもらう工夫を

☐ 気軽に資料請求したくなる、魅力的なオファーを用意

　コーポレートサイトを初めて訪問した見込客がコンテンツを読み、「なるほど」と納得するだけでは売上につながりません。見込客に「足跡」を残してもらう工夫が必要です。B2Bでは、足跡を残してもらうことが、コンバージョン（Webマーケティングで求める成果）となります。

　B2Bのコンバージョンには大きく2つあり、1つは「資料請求」、もう1つは「問い合わせ」です。「資料請求」は売り手側からいうと、「オファー」といい、何らかの情報を提供することを指します。PDFデータのダウンロードや印刷物の郵送など、見込客が気軽に依頼できるところが特長です。「問い合わせ」は、見込客に質問や悩み・課題を記入してもらいます。見込客にとっては、社内の情報を他人に開示することに抵抗を感じるうえ、長文を入力する手間がかかります。そのため、資料請求と問い合わせの複合的なフォームで、資料を請求してもらいつつ、フォーム内で自由に質問・記入できる項目を設けることも有効です。

　コーポレートサイトを訪問した見込客に足跡を残してもらうには、魅力的なオファーの存在が欠かせません。魅力的なオファーとは、見込客にとって役立つコンテンツのことで、悩みや課題への共感、ノウハウ・ヒント・コツ、導入後のメリット、発注先選びのポイント、業界トレンド、他社の成功事例（お客様の声）、料金の目安・明細、導入までの流れなど。これらのコンテンツは、コーポレートサイトで概略を伝え、オファーとして送付する「ノウハウブック」や「ニュースレター」でくわしく掲載するのが効果的です。

　会社案内や商品カタログなどを送付してはいけません。「販促の設計図」において、主役は「会社」ではなく「見込客」です。見込客にとって役立つ情報かどうかを吟味してください。

▶ 図4-6　　見込客との接点が生まれるまでの流れ

これは役立つ。
もっと話を
聞いてみたい

ノウハウブック　　ニュースレター

無料だし、
気軽に請求
してみよう！

見込客　　　　資料のダウンロード・郵送

資料請求
問い合わせ

魅力的なオファー

- 悩みや課題への共感
- ノウハウ・ヒント・コツ
- 導入後のメリット
- 発注先選びのポイント
- 業界トレンド
- 他社の成功事例
- 料金の目安・明細
- 導入までの流れ

コーポレート
サイト

見込客をMAでリスト化

あなたの会社

07 コンテンツ、デザイン、ストーリー、3つの視点で考える

☐ 見込客を理解し、"ユーザーファースト"の姿勢で発信

コーポレートサイトで接点を生み出すには、見込客の共感を得ることが欠かせませんが、つくる前に念頭に置きたいのは、お客様は1つの会社だけを見ているわけではないことです。似たような製品・サービスを扱う多くの競合のなかから興味をもってもらうには、何よりも「ユーザーファースト」の姿勢が大切です。ユーザーが求める情報を正しく発信するには、商品を売りたいお客様のペルソナを設定し、その心理・行動を正しく理解する必要があります。

ラーメン屋さんのケースで考えてみましょう。大盛無料で体育会系の店舗であれば「男性」「若くて元気」「安くて腹いっぱい」、おしゃれな街の店舗なら「女性」「ヘルシー」「インスタ映え」というペルソナが考えられます。同じ商品でも、ターゲットによって表現の仕方や内容が異なる、という点はB2Bでも同様です。高価格か低価格か、総合的か専門的か、対象は大企業か中小企業か、機能はハイスペックかミニマムかなど、自社商品に合ったコンテンツや表現の仕方を考える必要があります。

コーポレートサイトを構築する際、注意しておくべきポイントは3つ。それは、コンテンツ、デザイン、ストーリーです。コンテンツとは主に、見込客にとっての共感・メリット・お役立ち情報を指します。デザインの目的は、導入後の期待感を演出することにありますので、先進性や将来性を感じさせる表現で魅力づけします。最後に、ストーリーとは見込客の心を動かす物語のこと。十分な取材にもとづくお客様の声やプロジェクト紹介を掲載し、導入後の変化を実感してもらうことを目的としています。

▶ 図 4 - 7 ┃ **共感を得るコーポレートサイトをつくる 3つの視点**

見込客

発信　　　共感

コーポレート
サイト

ペルソナに合った Web サイトを構築

反映　　　　　反映　　　　　反映

コンテンツ	デザイン	ストーリー
● 見込客の共感・メリット ● お役立ち情報	● 導入後の期待感 ● 先進性・将来性	● お客様の声 ● プロジェクト紹介

ユーザーファーストで見込客のニーズを把握

あなたの会社

08 コンテンツは、お役立ち情報と導入メリットを中心に

☐ 第三者に語ってもらい、見込客の共感と信頼を得る

　唐突ですが、インターネット社会になり大きく変化したのは何でしょうか。便利になった、コミュニケーションが向上した、世界中がつながるようになった……。さまざまな進歩がありますが、マーケティングにおけるインターネットの本質とは、「売り手よりも、買い手が圧倒的優位になった」ことです。オフィスにいながら商品を即座に検索できるし、価格を比較検討することもできる。さらに、商品の感想を発信するWebサイトも存在し、購入前に多くの情報が手に入ります。買い手のオプションが増えることは、売り手にとっては競争が激しくなる一方、販売機会を得るチャンスです。単に商品を売るだけでは差別化がむずかしいため、共感や信頼を得るには「お役立ち情報」と「導入メリット」を発信していく必要があるのです。

　お役立ち情報とは、「なぜ、この商品を買わなければならないか」という見込客の疑問に答えるコンテンツです。悩みや課題を代弁し、見込客に共感してもらう。そして具体的なソリューションを提案します。さらに根拠や理由もふくめ、導入後の改善イメージを表現します。

　導入メリットとは、「なぜ、この会社から買わなければならないか」の疑問に答えるもの。競合と比べた商品の長所や強みを伝えるには、「お客様の声」が最適です。店主が「うちのラーメンは美味しい」と言うよりも、実際に食べたお客様が「この店のラーメンは美味しい」と言うほうが説得力があるのはB2Bも同じです。また、初めての取引の場合、見込客の「障害」となる、「リスク」「不安」を取り除いてあげるのも重要で、本当に状況を改善できるのか、他社の商品のほうが良いのではないか、アフターサービスは万全か……など、新たな取引における買い手側企業の心配は尽きないため、売り手がリスクを減らし、不安を払拭してあげましょう。

▶ 図4-8 コーポレートサイトの2大コンテンツ

インターネット社会の本質とは

買い手の立場 ＞ 売り手の立場

売り手は差別化のため、コンテンツの発信が必要に

コーポレートサイトの2大コンテンツで買い手の関心を惹く

コンテンツ **1** お役立ち情報		コンテンツ **2** 導入メリット

「なぜ、この商品を 買わなければならないか」 への回答	「なぜ、この会社から 買わなければならないか」 への回答

見込客の共感を得て、
導入後の改善イメージを表現　　　説得力を高めるため、
第三者（既存客）に語ってもらう

お客様の声と導入プロジェクトで、たしかな効果を

「お客様の声」を掲載するとき、3つのポイントがあります。1点目は、これから取引したいペルソナに近い顧客企業にお願いすることです。大企業と取引したいなら大企業に、メーカーと取引したいならメーカーにお願いします。また、会社が小さくて無名でも、有名企業との取引があるなら、真っ先にお願いすべきです。見込客が取引先企業を見て、価値を感じることは十分考えられるからです。2点目は、アンケートの活用です。取引先に対して、「800字でお客様の声をもらいたい」とお願いしても、面倒だと思われたり、的外れなコメントをもらったりすることになりがちです。そこで、言ってほしいコメントから想定して8〜10個の質問をつくり、回答してもらったアンケートを元に原稿を作成するのです。取引先にとっても手間がかからず、効果が期待できる原稿をつくれます。3点目は、プロのカメラマンによる撮影を行うことです。いくら原稿の内容が面白くても、見込客が「読んでみたい」と思わなければ意味がありません。記事の信ぴょう性や商品ブランドを感じさせたいのであれば、素人がデジカメで撮影するのでは不十分です。「お客様の声」はコーポレートサイト以外にも、商談やニュースレターなど、いろんな使いみちがあります。予算をかけてでも、ビジュアルにこだわりましょう。

さらに有効なコンテンツとして、「プロジェクト紹介」があります。「お客様の声」は、導入企業の担当者が一人称で話すものですが、「プロジェクト紹介」は、会社の担当者と導入企業の担当者が複数人集まり、座談会を行うものです。会話口調なのでリアリティがあり、読者にも読みやすく、取引先との良好な関係性をPRできます。デメリットとしては手間と費用がかかることです。カメラマンによる撮影もですが、プロの編集ライターに司会進行と原稿作成を依頼する必要があります。

お客様の声とプロジェクト紹介は、見込客に「導入メリット」を伝える最も有効でインパクトのある手法です。手間とコストがかかる分、たしかな効果が見込めることは間違いありません。

▶ 図4-9　見込客に「導入メリット」を伝える
2つの方法

	お客様の声	プロジェクト紹介
文 体	一人称	会話口調
登場人物	基本的に1人 （顧客企業のみ）	複数人 （顧客企業と自社）
方法	取材または アンケート起こし	取材および 当日の司会進行
制作担当	内製化も可能	外注委託が必要
撮 影	プロのカメラマンに依頼	
メリット	見込客の 不安やリスクを払拭	取引先との 良好な関係性をPR
デメリット	有名企業では 断られるケースも	日程調整の手間と コストがかかる

見込客の信頼を得るため、最も有効でインパクトのある方法

09 デザインを魅力づける
先進性と将来性の演出

動的なページづくりで、ユーザーに期待感と満足感を

　100万部を超えるベストセラーとなった、『人は見た目が9割』（竹内一郎著）という本があります。内容もさることながら、書名のインパクトから記憶に残っている人も多いのではないでしょうか。B2Bマーケティングにおいても、これは当てはまると思います。たとえ素晴らしい製品や他にないサービスで社会に貢献していても、やはり「見た目」は大事です。特にコーポレートサイトは、会社の"顔"といってもいい存在ですので、初めてたどり着いた見込客が、残念な思いをしないように心がけたいものです。

　最近のトレンドとしては、動的なページづくりがあります。これは、単なる情報提供にとどまらず、ユーザーのワクワク感や満足感を生み出す役割を果たします。例えば、パララックスがあります。これは、スクロール時に背景のみ速度を遅くする、あるいは、要素ごとに異なる位置から表示させて奥行き感を演出する手法のこと。視差効果とも呼ばれ、スクロールするたびに新しい要素が登場するため、一つの物語を観ているような没入感が得られます。「次はどんなことが起きるのだろう」という期待感をもって、ついついスクロールしてしまうというわけです。また、従来のアニメーションよりも高度なモーショングラフィックスは、文字・写真・イラストに動きや音を加えてつくる、動画と静止画の中間に位置する表現手法です。テレビ番組のオープニングで使われるような、質の高い演出ができます。ほかにも、PCのカーソルやスマホの指の位置を変えると、画像が変化するインタラクティブなWebページも増えています。

　ユーザーの関心を惹く方法としては、動画も見逃せません。コストはかかりますが、インパクトの大きさや情報量の多さという点で効果的です。さまざまな手法で、先進性と将来性を演出することがポイントです。

▶ 図4-10 　コーポレートサイトは“見た目”が9割

コーポレートサイトは会社の“顔”

先進性と将来性を感じさせるデザイン

ユーザーのワクワク感を演出する動的な機能

パララックス	モーション グラフィックス	動画
視差効果で奥行き感を演出 物語を観ている没入感	文字・写真・イラストに 動きや音を加えてつくる	インパクトや情報量で ユーザーをくぎ付けに

ユーザーの期待感と満足感を高める！

10 商品や顧客との関係性に対し納得できるストーリーを描く

□「物語」と「カスタマージャーニー」で興味を惹く

　人気が高く、年代物で高価なワインが売れる理由は、味や品質が“良い”からではありません。なぜなら、初めてワインを購入するお客様には、味や品質はわからないからです。これはあらゆる商品にもいえることで、お客様が購入するのは、“良い”商品ではなく、“良さそうな”商品です。企業は、「モノ」ではなく「物語」を売ることが大切で、ありふれた商品だとしても、ストーリーを描くことで価値を感じてもらうことはできます。商品への思い、原材料へのこだわり、創業者の苦労話、ベテラン社員の技術、サプライヤーとの関係性、社会・環境への貢献など。さまざまな角度から、自社と商品の棚卸をしてみるとヒントが見つかると思います。

　また、どのタイミングでどんな情報を発信するかも重要です。見込客が商品のことを知り、調べ、購入・成約にいたるまでの感情や行動のプロセスを、一つのストーリーとして描くのが「カスタマージャーニー」です。例えば、ある中小企業が勤怠管理ソフトを導入するケースを考えてみましょう。ペルソナは、企業の総務部に勤める30歳の女性を想定します。まずは総務部長の指示で、社内の課題を把握し、インターネットで他社の導入事例など情報を収集。セミナーや展示会に参加し、4つの候補を挙げて部長に提案し、自社に合った勤怠管理ソフトを2つに絞って商談にのぞみます。最終的には価格ではなく、アフターサービスが充実しているベンダーへの発注を決めました——。このプロセスを分析すれば、顧客との出会いから成約までに、どんなコンテンツが必要なのかが浮き彫りになります。

　見込客の関心を集めるには、商品そのものの「物語」と、顧客との関係性をつくる「カスタマージャーニー」の2つのストーリーを考える必要があります。

▶ 図4-11　　見込客の関心を集める2つのストーリー

ストーリー ①

商品や会社の「物語」

[ブランドをつくる6つの視点]

商品への思い	原材料へのこだわり
創業者の苦労話	ベテラン社員の技術
サプライヤーとの関係性	社会・環境への貢献

ストーリー ②

見込客と歩む「カスタマージャーニー」

（例）勤怠管理ソフトの導入を検討する中小企業のケース

興味・関心	「社内の現状把握をして、勤怠の課題を考えてみよう」
▼	
情報収集	「他社の導入事例や、ソフトの機能・価格を調べよう」
▼	
比較検討	「4社のソフトを実際に操作して、2社に絞ることができた」
▼	
購入・成約	「アフターサービスが充実しているベンダーに発注を決めた」

＊簡略化したものを掲載しています

11 コーポレートサイトは 完成してからがスタート

☐ CMSの導入とアクセス解析で、効果的な更新・運用を

インターネットによる情報発信では、常に新鮮なコンテンツをタイムリーに提供するのがポイントです。そのため、コーポレートサイトをリニューアルする場合、完成後の「更新」や「運用」を前提にして、構成を考えましょう。更新・運用は、コストやスピードの面からもできるだけ内製化すべきですが、社内のほうが適したものと、外注先に委託したほうがよいものがあります。前者は、「ニュース＆トピックス」、「導入事例」や「販売実績」、「お客様の声」や「プロジェクト紹介」、上場企業であれば「IR情報」も。テキストと写真で構成し、フォーマット化できるページであれば、なるべく社内で更新します。一方、後者は「製品・サービス情報」や「採用情報」など、企画やデザインに工夫が必要なページ。無理に内製化するより、コストをかけてもクオリティを高めたほうがいいでしょう。

更新や運用をしやすくするには、CMS[*1]を活用する方法が主流です。専門的な知識は必要なく、ブログ記事をアップするような要領で、社内での更新を容易にします。また、訪問者の行動や特性を分析する「アクセス解析」は、Google アナリティクスほか MA 独自のタグを埋め込む方法があります。例えば、見込客がどのページに着目し、どれくらいの頻度で訪問しているかなどを"見える化"できます。ページビューが多い見込客に個別でメールを送信すれば、商談につながる可能性が高まります。

技術革新が速く、常に新たなコンテンツを発信しなければならない時代ですので、コーポレートサイトの改訂（リプレース）は、少なくとも5年を目途に実施しましょう。

[*1] Contents Management System を略した言葉で、プログラムやデザインの知識がなくても、Web サイトの構築・管理ができるシステムのこと

▶ 図4-12　コーポレートサイト 更新・運用の全体像

社内で更新

● ニュース＆トピックス
● 導入事例・販売実績
● お客様の声・
　プロジェクト紹介
● IR情報

　　　　　　など

社外で更新

● 製品・サービス情報
● 採用情報

　　　　　　など

社内での更新・運用を "効率化"

ＣＭＳの導入

[WordPress、Movable Type　など]

見込客の動きを "見える化"

アクセス解析

[Google アナリティクス、MA 独自のタグ　など]

５年を目途にリニューアル

法人顧客が必ず訪れる「コーポレートサイト」

☐ B2Bの見込客が必ず訪れる「販促の設計図」の中核

　電話や訪問による営業ではなく、有益な情報を発信して見込客を惹きつける「インバウンドセールス」がB2Bの主戦場となっている今、Webマーケティングは避けて通れません。この後登場するリスティング広告やコンテンツSEOに注目が集まるのは、そんな理由からです。ところが、2-3で述べたように、B2Bの場合は問い合わせの前に必ずコーポレートサイトを訪れます。せっかく予算を投じたWebマーケティングも、コーポレートサイトを見た見込客に、「やっぱり、商談を持ちかけるのはやめておこう」と思われれば、大きな機会損失です。この場合、2つの原因があります。

　1点目に、コンテンツ不足です。B2CとちがってB2Bの場合、製品・サービス自体の特徴や他社商品とのちがいがわかりにくいことが多いため、十分な情報提供が欠かせません。昨今、技術の進化にともない、動的でデザイン性の高いWebサイトを見かけることが増えました。一方、ビジュアル表現に凝っている割には、内容が浅薄なものも少なくありません。本章で述べてきたように、お役立ち情報や導入メリットを中心に、見込客が納得するのに十分なコンテンツを掲載しましょう。

　2点目は、"つぎはぎ"が多いことです。たびたびページを加えたために、階層が深く動線が複雑になり、訪問者が混乱を招くケースです。ユーザビリティが悪いと必要な情報にたどり着けず、直帰率が高くなる原因となります。これを回避するには、少なくとも3〜5年に一度くらいは、全面リニューアルを検討します。B2Bにおいて、コーポレートサイトは「販促の設計図」の中核。投資したコストは、必ず売上となって戻ってきます。

　コーポレートサイトの目的は、初めて訪問した見込客との接点を生み出すこと。そのためにはユーザーの立場で考えることが大切です。

☐ 商品探しで、最初に利用するのはGoogle検索

☐ 高額商品では、必ずコーポレートサイトを訪問する

☐ B2Bにおける商談の主戦場は、今やインターネット

☐ 商品を"売る"より、見込客との接点をつくるのが目的

☐ 製品・サービスのページでは、導入メリットを伝える

☐ 激増するスマホユーザーに、最適な画面表示を

☐ 魅力的なオファーを用意し、確実に足跡を残してもらう

☐ コンテンツは、お役立ち情報と導入メリットを中心に

☐ 見た目が大事！ デザインで魅力づけ、動的な演出を

☐ 物語とカスタマージャーニーでストーリーを描く

☐ CMSの導入とアクセス解析で、更新と運用を効率化

企業の広報・経営企画を対象に足跡を残してもらう

☐ 見込客にむけ、読み応えのある無料オファーを用意

　企業のパンフレットや Web サイトなどを企画・提案する制作会社が設定する取引先のペルソナは、社員数 500 人以上の上場企業や中堅企業、担当者のペルソナは社長に直結した「経営企画部」や、社内外にむけた PR を担う「広報部（上場企業なら広報・IR 部）」に所属する社員です。大手企業ほど発注先を選ぶのに慎重なため、最初の入口となるコーポレートサイトは、更新・運用をふくめ特に力を注いでいます。

　TOP ページ以下のコンテンツは、「コンセプト」「サービス」「企業情報」「採用情報」ほか、日々更新するページとして「プロジェクト」「制作事例」「トピックス」があります。初訪問の見込客は、目的の商品が決まっていれば「サービス」のページに移動し、関連した「制作事例」や「プロジェクト」のページを訪問するケースが多いです。一方、ニーズが潜在的な見込客は、特に決まった動線はありません。例えば、口コミや紹介のお客様、ダイレクトメールを読んだ見込客が、社名を検索してたどり着くケース。また、リスティング広告からランディングページを経て、あるいはメールマガジンのリンク先であるオウンドメディアを経て、発信元企業を知りたいと考えた見込客がほとんどです。顕在客と潜在客、どちらに対しても、最終的な目的は問い合わせ（資料請求）をしてもらうことですので、サービスの各ページで気軽に申し込める無料のオファーを用意します。

　最近のお客様は、簡単に個人情報を入力してくれません。初めて訪問してくれた方には、「好感」をもってもらい、「信頼」を獲得することが大事。「品質」や「価格」などのスペックは、その後です。見込客の不安やリスクを払拭するため、「プロジェクト」「制作事例」をできるだけ多く掲載し、信頼構築に努めましょう。

▶ 図4-13 コーポレートサイト 概念図

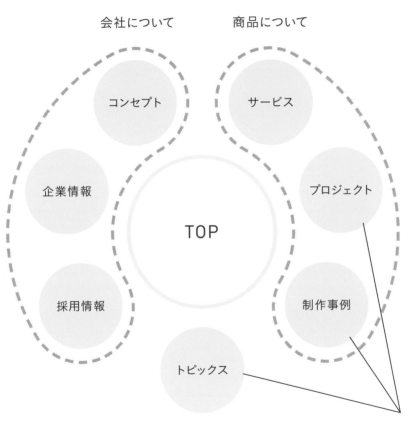

会社について

商品について

コンセプト

サービス

企業情報

プロジェクト

TOP

採用情報

制作事例

トピックス

日々の更新

コーポレートサイト 各ページのポイント

TOP	● 社内で撮影して編集した動画をアクセントに ● 見込客に最も読んでもらいたい「プロジェクト」ページへ、ワンクリックで移動 ● メニュー・ナビゲーションをふくめ、全ページに即アクセス可能 ● 下部にオウンドメディア、社長ブログなどへのバナーを設置
コンセプト	● 他社と差別化するため、インパクトのあるキャッチコピーで構成 ● 客観的な目線で伝えたいため、あえて社外のコピーライターに依頼
サービス	● 自社のサービスがひと目でわかるチャートを掲載 ● 「目的別」「サービス別」で、潜在客と顕在客に関心のあるページがわかる ● 目的別は「販売促進」「組織強化」「人材採用」の3つのテーマで ● サービス別はアイテムごと、それぞれ別の無料オファーを提供
プロジェクト	● 「お客様との二人三脚」という方針を伝えるストーリーを掲載 ● 社員と顧客企業の担当者が登場してプロジェクトをふり返る ● 見込客との信頼構築を目的に、手間とコストをかけて取材・撮影を実施 ● 2ヶ月に1度以上のペースで更新
制作事例	● できるだけ多く掲載するため、お客様への依頼から作成までを仕組み化 ● 「目的」「アイテム」「TAG」で、求める事例が簡単に検索できる ● テキストは、お客様にアンケートを依頼し、これを元に社内のライターが作成 ● 表紙や中面のデザインがわかるよう、サンプルページを掲載
企業情報	● トップメッセージは、創業にいたるストーリーを社史風に表現 ● 主な取引先は、大手企業を中心に企業名を表記
採用情報	● 社員メッセージだけでなく、社員による座談会で社風をアピール ● 外注パートナーの座談会を行い、外部から見た自社の印象を伝えてもらう
トピックス	● 会社の出来事、新たなサービスのリリースなど月数回の更新 ● できるだけ写真にもこだわり、見込客の関心を惹く工夫をする

Chapter 5

検索広告で接点をつくる
「リスティング広告」

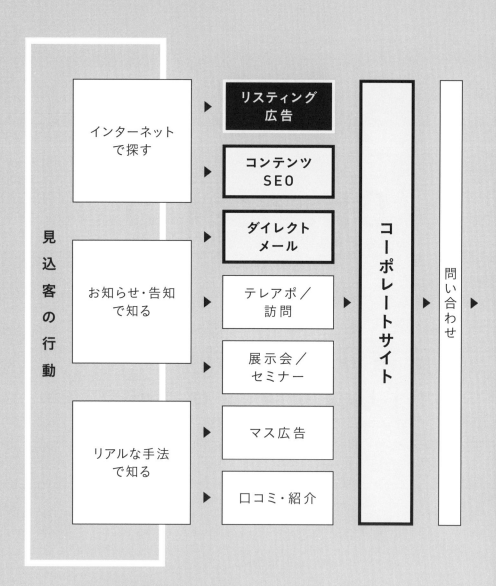

見込客の行動

インターネット
で探す

- リスティング
広告
- コンテンツ
SEO

お知らせ・告知
で知る

- ダイレクト
メール
- テレアポ／
訪問
- 展示会／
セミナー

リアルな手法
で知る

- マス広告
- 口コミ・紹介

コーポレートサイト

問い合わせ

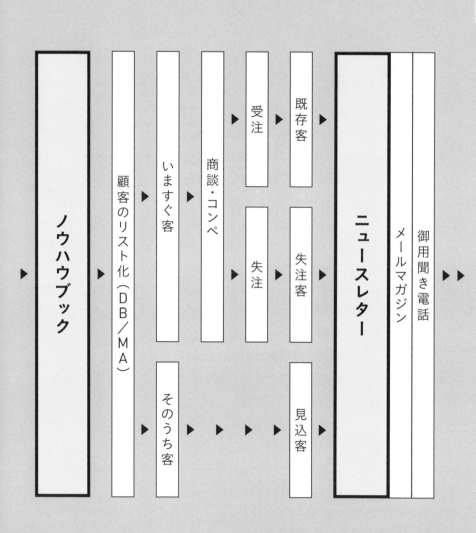

01 Webマーケティングの基本

☐ SEMの2本柱、「SEO」と「リスティング広告」

　Web マーケティングで、検索エンジンから Web サイトへのアクセス増加を図る手法全般を、SEM（Search Engine Marketing）といいます。SEM には大きく2つにわけられ、SEO（Search Engine Optimization）とリスティング広告があります。前者はサイトの構造やコンテンツの質を高め、広告枠をふくまない「オーガニック検索」で、上位表示をめざす方法。検索結果の表示順は、Google の評価によって決められており、有益なサイトほど上位に表示されます。しかし、評価基準がオープンにされていないため、確実な方法とは言い難いものです。後者のリスティング広告とは、検索結果画面に商品の広告を表示する方法です。有料ですが、確実性・再現性が高く、大きな成果が期待できます。コーポレートサイトへのアクセス数を伸ばすには、この両者をくわしく理解する必要があります。

　リスティング広告には、「検索連動型広告」と「ディスプレイ型広告」の2種類があります。検索連動型は文字どおり、すでに探したい商品や調べたいテーマがあるとき、検索結果画面に広告を表示するもので、ニーズが顕在化しているとき、威力を発揮します。「重機　レンタル　東京　格安」「勤怠管理　中小企業　働き方改革」など、商品・テーマと関連ワードで検索すると、重機のレンタル会社や勤怠管理のソフトベンダーの広告が表示されるという仕組みです。一方、ディスプレイ型は、ニュースやブログなど記事の内容に沿った広告が登場するもので、「都心の不動産が値上がり」という記事に、マンション販売会社の広告が表示されます。

　B2B の場合、広告から即決するケースは少なく、商品ターゲットに合う媒体に広告が登場するとも限らないため、ディスプレイ型はおすすめできません。本書で扱うリスティング広告は、検索連動型ととらえてください。

▶ 図5-1　　SEOとリスティング広告の関連性

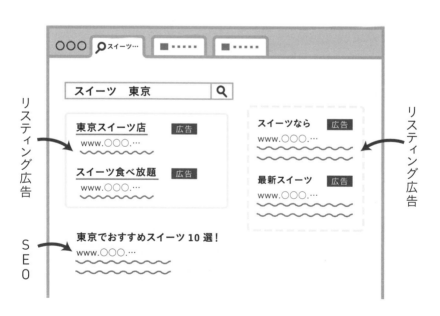

02　最も効果的で再現性の高い手法

☐ 競合が少ないB2Bでは、レバレッジによる期待大

　リスティング広告は、上手に運用すれば非常に大きな成果が期待できる手法です。おおまかな流れは、GoogleやYahoo!に広告掲載料を支払い、ユーザーの検索結果画面に、売りたい商品の有料広告を表示し、自社サイトへのアクセス数を増加させるというものです。有料広告はPPC（Pay Per Click）で、ユーザーが広告文をクリックするごとに費用が発生します。Googleなら「Google広告」、Yahoo!なら「Yahoo!広告」に出稿します。検索連動型広告は、基本的にテキスト表示ですが、ディスプレイ型広告やリマーケティング広告（6-5参照）の場合、画像を使ったバナー表示も可能です。

　新たに見込客を集める方法として、リスティング広告がもつ特長は、大きく3つあります。

　1点目は、「即効性」で、すぐに商談・売上につながることです。インターネットで検索するユーザーは、すでにニーズが顕在化しているケースがほとんど。欲しいものが明確な「いますぐ客」が多いということです。2点目は、「再現性」が高いこと。例えば、出稿した広告に対して1週間に1件でも反応があるなら、1ヶ月では4〜5件、1年では50〜60件の反応が予測できます。将来にわたって商談や成約の数が見込めると、安定的な経営に近づきます。3点目は、「拡張性」が大きいことで、広告を表示する地域を「東京23区」に設定して反応があるなら、「関東圏」「関東・関西・中部圏」「日本全国」と広げれば、地域を拡大した分だけ多くの反応が期待できます。これは、商圏が一気に拡大することを意味します。

　リスティング広告は最もレバレッジが効く集客方法です。特にB2Bは競合がそれほど多くないため、工夫次第で"大化け"すると思います。

▶ 図5-2　　リスティング広告 3つの特長

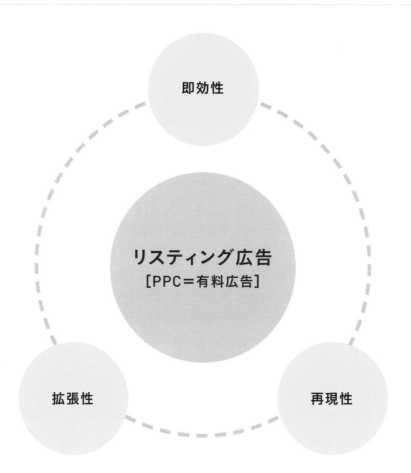

即効性	●すぐに商談につながり、成約すれば売上に直結する ●欲しいものが明確な「いますぐ客」が多い
再現性	●たった1件でも反応があれば、その後の反応が期待できる ●1ヶ月後とか1年後の売上が見込め、経営が安定する
拡張性	●一定の地域で反応があれば、他の地域でも反応が期待できる ●商品を売るための商圏を一気に拡大することができる

売上につながる会社と、つながらない会社のちがい

　リスティング広告の活用で売上がアップする企業がある一方、成果が出ずに出稿をやめてしまう企業もあります。このちがいは①利益の出る商材を選択 ②ニッチキーワードを支配 ③十分な受け皿を用意、この3点ができているかにあります。

　1点目の「利益の出る商材を選択」とは、どの商品がリスティング広告で売るのに適しているかを検討することです。Googleのキーワードプランナーを使えば、あるキーワードの一定期間における検索数を知ることができますが、検索数が多くても、競合が多い商品や利益率が低い商品を選ぶべきではありません。LTVを選択基準とし、①リピート性がある商品②波及効果が大きい商品 のどちらかを満たすのが条件です（2-10参照）。つまり、一度きりの販売にとどまらず、年数回の取引があるか、初めに売れた低額のフロントエンド商品から、高額のバックエンド商品につながる可能性があるか、中・長期的な視点で商材を選びます。

　2点目の「ニッチキーワードを支配」することも重要です。特にB2Bの場合、業界用語や隠語などが存在します。これらニッチキーワードを発見し、見込客が求める情報を発信することができれば、検索数が少なくても共感を得やすくなります。逆に、検索数の多いビッグキーワードは大手企業をふくめ、強い競合がひしめくレッドオーシャンです。広告費も膨大になるため、中小・中堅企業にはおすすめできません。

　3点目ですが、もし「十分な受け皿を用意」できていないと、CVRが低迷し成果につながりません。ここでいうCVR（Conversion Rate）とは、リスティング広告をクリックしたユーザーのうち、資料請求や問い合わせなど足跡を残してくれた割合を指します。見込客が広告に興味をもってくれたとしても、顧客リストが増えなければ意味がありません。CVRを高めるには、広告文のリンク先であるランディングページやオファー、コーポレートサイトの充実を図る必要があります（5-7参照）。

▶ 図 5 - 3 リスティング広告 成果につながる3原則

LTV を基準にする
- リピート性のある商品
- 波及効果が大きい商品

業界用語や隠語を探す
- 狭い業界での見込客の共感
- 検索数の少ないブルーオーシャン

利益の出る
商材を選択

ニッチキーワード
を支配

成果につながる
3原則

十分な受け皿
を用意

CVR を最大化する
- 資料請求や問い合わせなど、足跡を残してもらうのが目的
- ランディングページやオファー、コーポレートサイトの質を高める

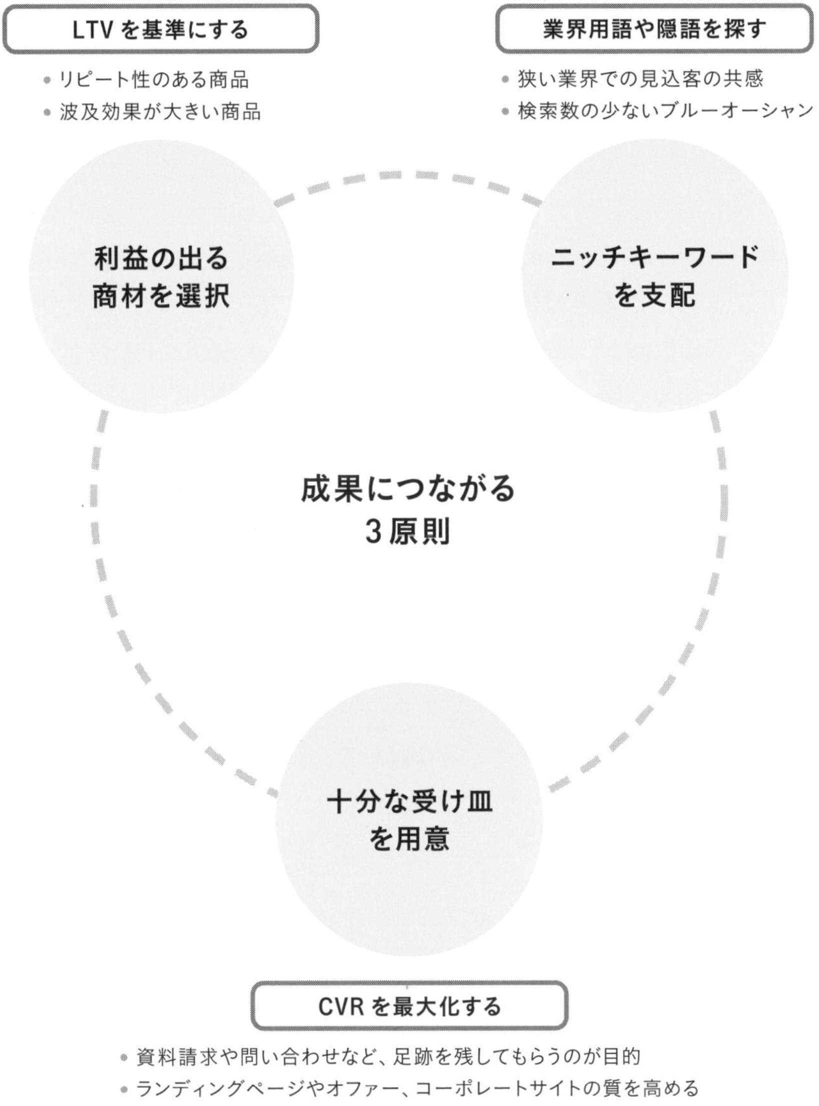

03 ほぼノーリスク！ あとは行動あるのみ

☐ ビジネスモデルや収益方法を変革するインパクト

B2B 企業におけるリスティング広告の効果は、特に筆者自身の経験から実感したものです。

起業から約 4 年間、集客はダイレクトメールが中心でした。郵送、FAX、メール、フォームなど媒体は工夫したものの、あくまで PUSH 型マーケティングで、土曜と日曜を使って、ひたすらメールを送信する日々。大手就活サイトから収集したメールアドレスに、原稿をコピペして送信する。あるいは東京に本社がある上場企業のリストを作成し、問い合わせフォームに営業メールを送信していました。また、年数回、企業調査会社からリストを購入し、ダイレクトメールを郵送するようなアナログなやり方です。反応率は悪くなかったのですが、コストと手間がかかるのが悩みでした。

ある日のこと。セミナーで出会った Web マーケティングにくわしい男性に「名もない中小企業が、新規顧客を見つけるのはむずかしいんだよ」と、酔った勢いもあり、愚痴をこぼしました。すると彼がこう言ったのです。「中野さんがつくるダイレクトメールは、コンテンツが素晴らしいのに、どうしてリスティング広告をやらないんですか？」このひと言が、会社を変えるきっかけとなりました。

彼のアドバイスを信じて、さっそく「社内報」という商品のリスティング広告を出稿。広告文や検索キーワードを考え、キャンペーンの作成や細かな設定は彼に依頼しました。出稿した翌週、すぐに問い合わせがありました。年 40 万円ほどの広告費にもかかわらず、7 年間で 3 億円以上の売上につながったのです。

ここでお伝えしたいのは、ささやかな成功談ではなく、リスティング広告は、少ない投資でも大きくレバレッジがかかる集客方法だということです。

▶ 図5-4　リスティング広告の導入前後

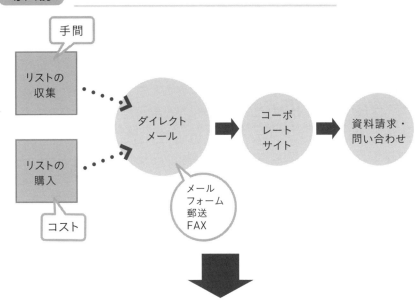

導入前　手間もかかるし、コストも膨大なのが悩み…

手間

リストの
収集

リストの
購入

コスト

ダイレクト
メール

メール
フォーム
郵送
FAX

コーポ
レート
サイト

資料請求・
問い合わせ

導入後　手間もコストもかからず、自動的に集客！

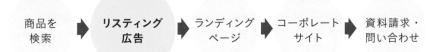

商品を
検索

リスティング
広告

ランディング
ページ

コーポレート
サイト

資料請求・
問い合わせ

予算をコントロールでき、ノーリスクで無理なく開始

　数多くの見込客を集めなければならない B2C とちがい、B2B は大きな投資が必要ありません。その理由は 2 つあります。

　まず、そもそも検索数が少ないため、費用がかかりません。日本国内の法人数は 200 万社以上といわれますが、企業の規模・地域・業態などを考慮すると、取引対象となる企業数は限られているはず。つまり、B2B 企業の見込客は、思ったほど多くはないということです。

　もう 1 つは、少ない予算でスタートでき、前もって上限予算を決められるなど、コストをコントロールできるからです。例えば、「1 日の広告予算は 2,000 円」「広告を表示する地域は、関東圏のみ」と設定しておけば、ムダなお金を支払う必要はありません。広告出稿にかかる料金は、「クリック平均単価×クリック数」だけ。例えば、クリック単価の平均が 40 円で、1 ヶ月間に 1,000 回クリックされたとすれば、40 円× 1,000 回＝ 40,000 円[*1]です。反応があった時点で、広告予算を増額する、広告表示エリアを拡張するなど、投資額を増やせばいいので、ほぼノーリスクといえます。これは、マス広告・ダイレクトメール・展示会への出展など、初めに予算ありきの広告手法にはない強みといえます。

　最後に、リスティング広告の運用を代行してもらう際の注意点ですが、多くの運用会社は、広告文やランディングページなどをこまめに更新し、場合によっては、2 つの広告パターンを比較する A/B テストを実施しています。そして、アクセス解析や効果測定などの分析レポートを提出し、かかった費用を請求します。たしかに、検索ボリュームの大きい B2C の商品であれば、この方法も一定の効果が見込めると思いますが、B2B では、こういった分析をしようにも検索数（分母）が限られているため、最初から分析ありきの運用会社に依頼するのはおすすめできません。コンテンツがしっかりしていれば十分に成果が出るし、失敗すれば撤退すればいいのです。まずは気軽に出稿してみることです。

[*1]　広告運用をアウトソーシングする場合、これ以外に外注費がかかります

▶ 図5-5　　　Ｂ２Ｂのリスティング広告はメリットだけ

B2Bは少額の投資で大きな成果が期待できる！

理由①

**そもそも費用の
負担が微小**

- 対象の法人顧客は多くない
- 検索ボリューム自体が少ない

理由②

**少額でスタートし
コントロール可能**

- 事前に上限予算を設定できる
- 広告を表示する地域を限定できる

反応が
あったら…

広告予算を増額し、一気に商圏を拡大！

ノーリスクでチャンスをつかむことが可能に

失敗すれば、広告出稿をやめればいいだけ

成功すれば、確実な売上が予測できる

04 広告出稿のフローと
必要な準備

慎重に商品を選び、確実にコンバージョンを獲得する

リスティング広告を成功に導くためには、単にクリックしてもらえる広告を考えるだけでは十分ではありません。

まず、売りたい商品を選びます。商品は、単発での売上にとどまらない、大きなLTVを期待できるものがベター。また、競合の少ないニッチな商品を選ぶことも重要なポイントです。筆者は「会社案内」や「Webサイト」のリスティング広告は出稿していませんが、その理由は、単発で継続性がない商品であること。また、ターゲットとなる顧客が広過ぎて、必ずしも取引したいお客様が問い合わせしてくれない可能性が高いからです。一方、「社内報」を発行する企業は、信頼性があり企業規模が大きく、「社史」をつくる企業は、創業から数十年が経過している老舗企業です。また、「株主通信」は発注者が上場企業に限られます。つまり、取引したい企業がつくる商品に限定して、リスティング広告を出稿するのが有効です。

次に、いよいよキャンペーンを行いますが、GoogleとYahoo!に広告を出す前に、いくつか準備すべきものがあります。ランディングページ、フォーム、オファー、MAです。

ランディングページとは、広告文をクリックした先に表示させるページのこと。通常は1つの広告で1つの商品を扱い、縦長の1ページで構成します。ランディングページから資料請求・問い合わせをしてもらう際、必要なのがフォームで、興味をもった見込客が所属・連絡先・問い合わせ内容などを入力します。「送信」ボタンをクリックした瞬間、めでたくコンバージョンというわけです。フォームから届いた顧客情報を一元管理するのがMA。見込客を動機づけするものがオファーとなります。

▶ 図5-6　　リスティング広告のフロー／全体像

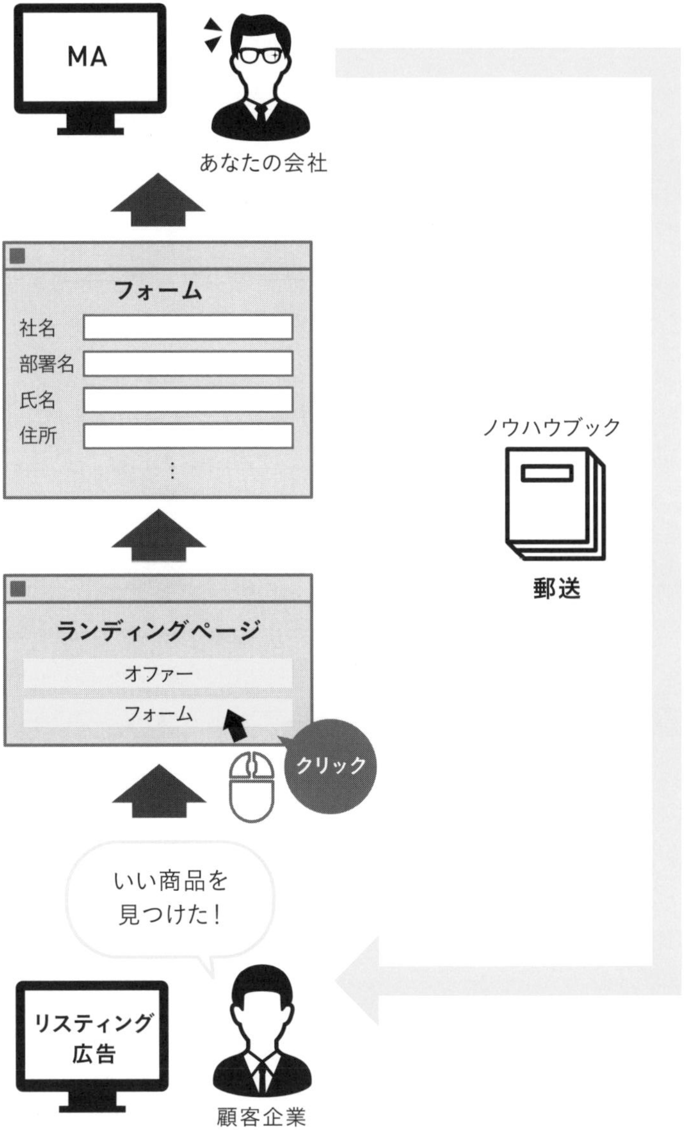

MA

あなたの会社

フォーム

社名

部署名

氏名

住所

⋮

ノウハウブック

郵送

ランディングページ

オファー

フォーム

クリック

いい商品を
見つけた！

リスティング
広告

顧客企業

05 GoogleとYahoo!の
設定方法

☑ キャンペーンを設定して出稿したら、運用改善に着手

　リスティング広告を出稿するには、GoogleやYahoo!と契約する必要がありますが、最初に費用対効果を高めるためのポイントを説明します。

　まず、見込客の心理や行動を想像し、検索キーワードを考えます。例えば、印刷物の制作会社であれば、「社内報」という商品名とともに、「制作会社」「発注先」「デザイン」「企画」などのワードを設定します。Googleのキーワードプランナーを使えば、適切な語句が見つかります。同時に、検索結果画面に表示される広告文を考えますが、これには、見込客が思わずクリックしたくなるような工夫が必要です。基本的に1つの商品に対して1つの広告キャンペーンを設定しますが、複数の商品を扱う場合は、同じアカウントですべてのキャンペーンを一元管理できます。

　次に、1日の上限予算、クリック単価、広告表示エリア、リマーケティング（6-5参照）など細かな設定を行います。小さくスタートして成功体験を積んだ後、予算やエリアを拡大するのが上手な運用方法ですので、くれぐれも、最初から大きく投資しないようにしましょう。

　広告を出稿した後は、運用改善を行います。十分な反応がある場合は、予算を増やしてシェア拡大をねらいますが、反応がない場合は改善にむけ、3つのケースをチェックしてください。まず、広告のクリック数が少ない場合は、見込客の立場になって広告文を差し替えます。複数の広告文を用意し、反応が高いものを調査することもできます。次に、クリック数は多いのに、コンバージョンにいたらないケースは、ランディングページに共感されていないか、オファーに魅力がないかのどちらかで、内容を再検討します。最後に、フォームにたどり着いたものの離脱するケース。項目を減らす、郵便番号から住所を自動入力させるなどの方法を検討しましょう。

▶ 図5-7 | 広告キャンペーンの設定から運用改善まで

Google ／ Yahoo!
広告キャンペーンの設定

検索キーワード   広告文

上限予算   クリック単価   表示エリア

リマーケティング   など細かく設定

リスティング広告を開始

運用改善を継続

反応が少ない場合のチェック項目

☐ クリック数が少ない   広告文を変更

☐ コンバージョンが少ない   ランディングページ、
オファーを変更

☐ 申し込み中に離脱   ➡   フォームを変更

06 | 正しい「広告文」は 顧客への深い理解から

広告見出しの主語を「お客様」にして共感を得る

　検索結果画面に表示される広告文は、「広告見出し」「表示 URL」「説明文」の３つで構成されます。それぞれ文字数制限があるので、できるだけ簡潔にわかりやすく表現します。広告見出しは、最も目立つ要素なので、見込客が検索するとき入力する可能性が高い言葉（検索キーワード）をふくめます。一次ワードは売りたい商品名、二次ワードには、見込客が入力しそうな語句を設定します。例えば、重機のレンタル会社なら、「ショベル」「クレーン」「フォークリフト」などが一次ワード、「レンタル」「借りる」「工場」「格安」などが二次ワードとなります。説明文は、ユーザーの行動を促すキラーワードを入れると効果的です。「無料でお届け」「ヒントがわかる」「ノウハウを公開」「成功のコツ」などの言葉を活用しましょう。

　広告見出しに関連して、とても重要なことは、主語を「お客様」にして文章を書くことです。これを意識するだけで、反応率はグンと高まります。例えばこのような感じです。

・社員が読みたくなる社内報の秘密　（を知りたい）
・株主通信の発注は、慎重に　（考えないと）
・デザイン会社がつくる社史　（ってどんなもの？）

　（　　）内は見込客の気持ちを代弁したものですが、共感を得やすいと思いませんか？　売り手側の目線で書かず、会社名も入れないようにしましょう。「〇〇〇の企画制作なら□□□社へ」「〇〇〇 No.1 シェアを誇る□□□社」では売りたい気持ちが先行し、見込客の共感を得られません。なお、主語をお客様にして書くことはランディングページ、ダイレクトメールやノウハウブックなど本書に登場するすべてのパーツにも当てはまります。

▶ 図 5 - 8 ｜ 広 告 見 出 し と 説 明 文 の 工 夫 で
クリック率をアップ

見込客の検索結果画面に表示される広告文

広告見出し		説明文

検索キーワードをふくめる

行動を促す語句を入れる

一次ワード	商品名
二次ワード	入力しそうな語句

キラーワード	「無料」「ノウハウ」「コツ」「ヒント」「秘密」「成功」「売上アップ」 など

主語を「お客様」にすると共感を得やすい！

 社内報の企画制作なら〇〇〇株式会社

 社員が読みたくなる社内報の秘密

 重機レンタルで売上シェアNo.1の〇〇〇株式会社

 1日1台からOK！　いつでもどこでも重機をレンタル

07 成果に大きく影響する 「ランディングページ」とは

☐ 専門情報を伝え、魅力あるオファーでコンバージョン

　ランディングページとは、リスティング広告やバナー広告を経由したリンク先として、ユーザーが最初に到達するページのことです。広報活動におけるプレスリリースの受け皿として、活用されることもあります。コーポレートサイトやECサイトと異なり、縦長1ページで完結するものが主流です。その理由は、別のページを閲覧する手間を省き、見込客を商品に集中させるねらいがあるからです。目的はコンバージョン、つまり見込客のリスト化にあるため、コピーライティングやデザインには質の高さが求められます。基本的に商品1つにつき、1つのランディングページを作成し、商品やその周辺分野の「専門家」という位置づけで、共感と信頼を獲得する必要があります。最近では、お客様の声や導入実績を掲載する、オウンドメディアの関連記事へ誘導する、動画を使って効果的に演出するなど、工夫を凝らす企業が増えています。また、B2Bの場合、見込客はコーポレートサイトを訪問するため、情報や表現の一貫性を保つことも大切です。

　専門家として位置づける以上、ランディングページの内容は読み応えがあり、見込客にとって新鮮な発見が求められます。加えて大事なのがオファーです。商品に関する知見、選び方のコツ、最近のトレンドなどを編集したパンフレットを郵送する。あるいは、PDFデータをダウンロードしてもらう方法が主流です。なぜ、オファーが重要なのでしょうか。その理由は、見込客がオファーに大きな魅力を感じなければ、コンバージョンにつながりにくいからです。今は気軽に、個人情報を入力してもらえる時代ではありません。「このコンテンツは、どうしても手に入れたい」と感じさせるオファーを用意してください。

▸ 図 5 - 9 ┃ コンバージョン率を高める ランディングページ

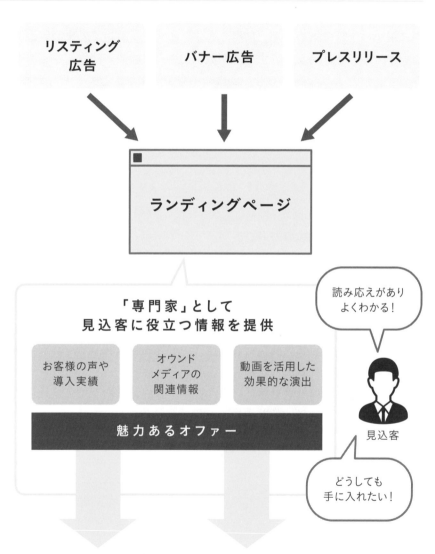

□ 売上の差は、セールスコピーライティングの力量の差

　B2B のリスティング広告の目的は、「多くの優良な見込客リストを、いかに最小の予算で集めるか」に尽きます。イメージ重視で効果測定ができないマス広告とは異なり、すべてが数値化されて勝敗が決まるシビアな世界です。似たような商品でも、広告の中身で結果は大きく左右されます。では、売れる広告と売れない広告のちがいとは何でしょうか？

　それは、セールスコピーライティングの力量の差です。セールスコピーライティングとは、その名のとおり、売るための文章を意味しますが、テレビ・雑誌やインターネットによる通販で威力を発揮するテクニックとして、この 10 年ほどでようやく、日本でも注目を集め始めました。しかし、実際には 100 年以上前から存在する手法で、欧米では昔からセールスコピーライターという職業があり、ゲイリー・ハルバート、ジョン・ケープルズ、ジョセフ・シュガーマンなどの "大家" が、まさしく言葉だけで、企業の莫大な売上に貢献してきました。国内では、日本を代表するマーケッター、神田昌典氏が提唱する「PASONA の法則」が有名です。確実に結果が出るノウハウで、筆者もダイレクトメールやノウハウブックにも広く活用しています。広告を掲載し、見込客からの反応を得て直接の売上につなげる方法を、ダイレクトレスポンスマーケティングといい、リスティング広告はこの分野にふくまれます。もし、あなたの会社がマーケティングの内製化を進めたければ、文章力は絶対に必要なスキルです。

　セールスコピーを書くとき、気をつけることは 3 つあります。1 つ目は、見込客の共感を得ること。悩み・課題を理解することはもちろん、心理や行動を想像することが大切です。2 つ目は、できるだけ具体的なストーリーを展開すること。単に解決策を提示するだけでなく、証拠や数値、導入事例などを挙げて論理的に伝えます。3 つ目は、話の順序や割合を間違えないことです。会社や商品のことは、最後に 1 割だけ伝えれば十分ですので、リスティング広告の冒頭から始まる残りの 9 割は、見込客を主体として話を展開しましょう。

▶ 図5-10　　**"売る"ことを目的とした
ダイレクトレスポンスマーケティング**

売れる広告

売れない
広告

「商品」に大したちがいがなくても、
「文章力」で売上に大きな差がつく

ダイレクト
レスポンス
マーケティング

マス
広告

"売る"ことを目的とした広告
ほぼすべて数値化できる

イメージ重視の広告
効果測定ができない

セールスコピー
ライティング

1　見込客の共感を手に入れる
2　具体的なストーリーを展開
3　話の順序や割合を間違えない

検索広告で接点をつくる「リスティング広告」

いいことづくめの集客手法だが、協力会社の選定に注意

リスティング広告は、いま注目されている「インサイドセールス」の中心的存在です。「いますぐ客」に即リーチできるため、売上に直結しやすいという「即効性」があり、一度でも成果が出れば未来の売上が予測できる「再現性」もあります。さらに、一つの地域で上手くいけば、支店や営業拠点をつくらなくても一気に商圏が広がる「拡張性」も期待できます。実際、筆者の会社でも、リスティング広告がなければ、売上を継続的に拡大することはできなかったでしょう。少額でスタートでき、ノーリスク。いいことづくめの集客手法だと実感していますが、一方、広告出稿をあきらめてしまう企業、広告出稿をやめてしまう企業も増えているようです。

前者の場合、「準備や設定が面倒」という理由がほとんどです。Googleや Yahoo! の設定画面は独特で、頻繁に機能が更新されるため、手間がかかります。また、ランディングページやフォーム、オファーの制作、MA の導入など、初期投資がそれなりに必要なせいもあります。後者は効果が出ないケースです。特に検索数の多いビッグキーワードは、クリック単価が高騰し、費用に対して売上ではペイしないこともあるからです。ただ、B2Bの場合はニッチキーワードを選べば多大なコストはかからないし、設定の手間や初期投資は、将来の営業活動の効率化を考えれば大した障害ではありません。つまり、広告出稿をしない理由は見つからないのです。

一つだけ注意したいのは、委託する協力会社選びです。多くのリスティング広告代理店は、出稿ボリュームで売上が決まるため、ニッチな B2B の扱いに前向きでなく、毎月のレポート分析で終始することも多いようです。これは部分最適の問題点。これを回避するには「販促の設計図」を描き、全体最適を図る必要があります。

- [ ] 24時間365日活動する営業スタッフを雇うのと同じ

- [ ] B2Bはディスプレイ型より、検索連動型の広告が有効

- [ ] 「いますぐ客」のニーズに対し、商談と売上に直結

- [ ] 1件の反応があれば、将来にわたり反応が期待できる

- [ ] 少額でスタートし、成果が出たら一気に販路を拡大

- [ ] 国内、世界を市場に、最もレバレッジが効く集客手法

- [ ] リピート性がある商品、波及効果が大きい商品を選択

- [ ] ニッチワードが見つかれば、ローリスク・ハイリターンも

- [ ] ランディングページとオファー、十分な受け皿を準備する

- [ ] 広告文は「お客様」を主語にして共感を得る

- [ ] 売上はセールスコピーライティングの品質で決まる

費用対効果が高く、手間いらず
24時間365日働く営業スタッフ

☐ 考え方が180度転換する画期的手法

　リスティング広告をすすめられても、「こんな方法で、売上が上がるのか？」と半信半疑かもしれません。ですが、リスティング広告には考え方を180度変える力があります。次々に見込客からの問い合わせが舞い込むし、なかには誰もが知る大企業からのオファーもあるでしょう。まさしく、24時間365日働きつづけてくれる営業スタッフなのです。

　メリットは、大きく3つあります。1つ目は、他の方法と比べて、最も費用対効果が高いこと。LTVの大きい商品だと、リピートはもちろんクロスセル、口コミや紹介などをふくめると、費用に対する売上のレバレッジは、ゆうに100倍以上だと思います。2つ目は、初めに適切な設計をすれば、その後は手間がかからないこと。毎月のレポート分析や広告文の検討・変更など、面倒なことを一切しなくても十分に成果が出ます。3つ目は、長く運用すると品質スコアが上がって有利になること。品質スコアとは、広告文やキーワード、ランディングページの品質を表す指標のこと。これが高くなると、入札単価を抑えつつ、広告掲載順位が上がります。競合に対して、圧倒的優位なポジションを構築できるのです。

　上手くいく商品、上手くいかない商品がありますが、上手くいく商品には、①お客様の不満やニーズが顕在化している ②仕入先を代替しやすい ③担当者に決裁権がある ④すでに予算化されている といった傾向が見られます。一般的に、B2Bでの成功事例は、まだ多くはないのが現状。10年以上広告を出稿・運用してきて思うのは、意外に同業者はこの手法に気づいていないこと。競合が少なく、B2Bだからこそ利益を享受できます。あなたの会社もシェア拡大をねらうのは十分可能だと思います。

▶ 図5-11　運用のメリットと商品選びのポイント

```
運用のメリット
```

| 費用対効果が高い | ● リピートやクロスセル、紹介などLTVが拡大
● 費用に対する売上のレバレッジが大きい |

| 手間がかからない | ● 初めに適切な設計をするだけ
● レポート分析など面倒な手間は不要 |

| 長く運用するほど有利 | ● 品質スコアが上昇し、広告掲載順位が上昇
● 競合に対して圧倒的優位なポジションを獲得 |

```
商品選びのポイント
```

上手くいく商品	上手くいかない商品
お客様の不満やニーズが顕在化	お客様の不満があいまい、課題が不明
仕入先を代替しやすい	仕入先を変更しにくい
担当者に決裁権がある	決裁者が別にいて、決裁フローが複雑
すでに予算化されている	予算化されておらず、納期も未定

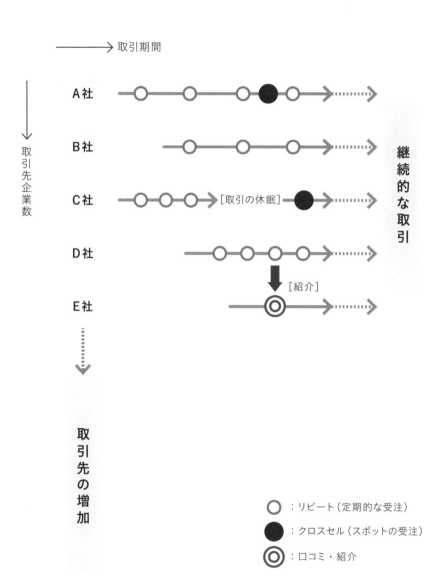

Chapter 6

お役立ち情報を掲載
「コンテンツSEO」

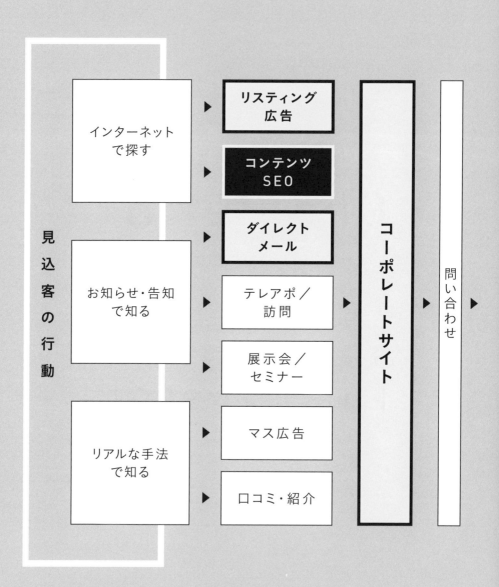

見込客の行動

インターネット
で探す

- リスティング
広告
- コンテンツ
SEO

お知らせ・告知
で知る

- ダイレクト
メール
- テレアポ／
訪問
- 展示会／
セミナー

リアルな手法
で知る

- マス広告
- 口コミ・紹介

コーポレートサイト

問い合わせ

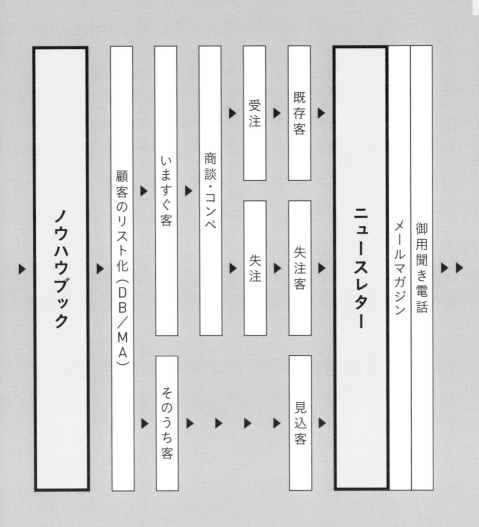

01 SEOの進化と コンテンツマーケティング

☐ 商品を売るのではなく、ユーザーの有益情報を発信

　SEO は「検索エンジン最適化」のことで、広告ではなくオーガニックな検索結果において、上位表示するための手法です。以前の評価基準ではWeb サイトへの「被リンク数」が重視されていましたが、Google が 2012年に低品質・無関係なリンク先の評価を下げるアップデートを行い、今ではコンテンツの質が高いページを評価するようになりました。検索したユーザーの意図やニーズに合ったコンテンツをもつ Web サイトが、上位表示される傾向にあります。こういった理由から、最近では「コンテンツSEO」と呼ばれるようになりました。検索からのトラフィックを獲得するため、ユーザーにとって有益かつ、オリジナルのコンテンツを継続的に発信するという、新たな SEO 対策が主流になっています。この活動を総称して、「コンテンツマーケティング」といいます。

　インターネット上でも競合が増加しているいま、見込客との自然な接点を生み出す手法として注目されているのがコンテンツマーケティングです。そして、情報を発信する媒体が「オウンドメディア」ですが、商品の販売が目的ではなく、見込客が知りたい情報を提供して誘導し、信頼を獲得して関係性を維持するものです。購入の段階で、自社の商品が選ばれやすくなることを目的としています。そのため、製品やサービスの紹介ではなく、ノウハウやお役立ち情報を掲載する点が、大きな特徴です。

　筆者の会社では、広告宣伝のトレンドや制作物のヒントなどの有益な情報を、定期的に発信するオウンドメディアを立ち上げました。まったく新規の見込客が悩みや課題を検索してたどり着くケース、コーポレートサイトからのリンクでやって来るケースなど、接点を得るルートはさまざま。見込客の信頼構築に役立っています。

▸ 図6-1 | コンテンツSEOの登場と
コンテンツマーケティング

従来のSEO対策は「被リンク数」を重視

⬇

Googleが「コンテンツの質」を高く評価するように

⬇

コンテンツSEOが登場！

コンテンツマーケティング

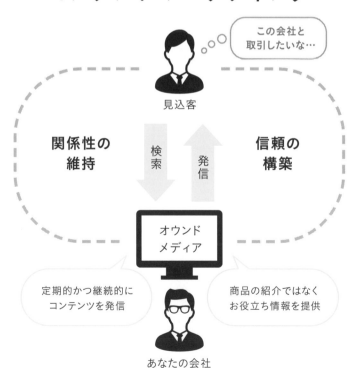

この会社と
取引したいな…

見込客

関係性の
維持　　検索　発信　　信頼の
構築

オウンド
メディア

定期的かつ継続的に
コンテンツを発信

商品の紹介ではなく
お役立情報を提供

あなたの会社

中長期的な関係性を構築でき、B2Bに効力を発揮

オウンドメディアを使ったコンテンツマーケティングは、「いますぐ客」を集めてすぐ商談に持ち込む手法ではありません。「そのうち客」に役立つ情報を提供して"ファン"にして、中長期的な関係性を構築し、継続的につながりをもちながら、じっくりと商談機会のタイミングを図るものです。導入するまで商品の価値がわかりづらく、成約までに十分な期間を要するB2Bでは、特に効力を発揮します。

ある意味では"遠回り"に感じるコンテンツマーケティングですが、大きく4つの特長があります。1つ目は、自社の商品に合う見込客が集まる点です。一方的に受け取る広告宣伝とはちがい、見込客が自ら行動して情報にアクセスします。そのため、会社へのロイヤリティが高まり、"専門家"として接するようになります。2つ目に、業界リーダーと位置づけることができます。あるテーマに沿った情報を定期的に発信する媒体をもつことで、圧倒的優位な地位を確保できます。3つ目は、広告宣伝費を軽減・抑制できること。マス広告や展示会への出展などと比較すると、非常に費用対効果の高い方法だといえます。4つ目は、訪問者の行動を"見える化"できること。MAやGoogleアナリティクスの活用により、オウンドメディアを分析することが容易になります。どんなキーワードでたどり着いたか、どの記事が読まれているか、メールマガジンからどれくらい流入したか。見込客の反応を検証しやすく、効果的な運用に寄与します。

コンテンツマーケティングの流れは、大きく3つのフェーズに分かれます。まず、見込客を集める「リードジェネレーション」の段階。悩みや課題について検索した見込客が、オウンドメディアの記事にたどり着くまでをいいます。次に、「リードナーチャリング」では、見込客が定期的にオウンドメディアを訪問し、関連記事を読むことで信頼するようになり、徐々に購買意欲が高まる状態を指します。最後は「コンバージョン」です。記事を発信する運営会社への問い合わせ、商品の資料ダウンロードなど、商談にむけた最終ステップとなります。

▸ 図 6 - 2 | コンテンツマーケティング
4つの特長と3つのフェーズ

４つの特長

> 自社の商品に合う
> 見込客が集まる

> 業界のリーダーと
> 位置づけられる

> 広告宣伝費を
> 軽減・抑制できる

> 訪問者の行動を
> "見える化"できる

３つのフェーズ

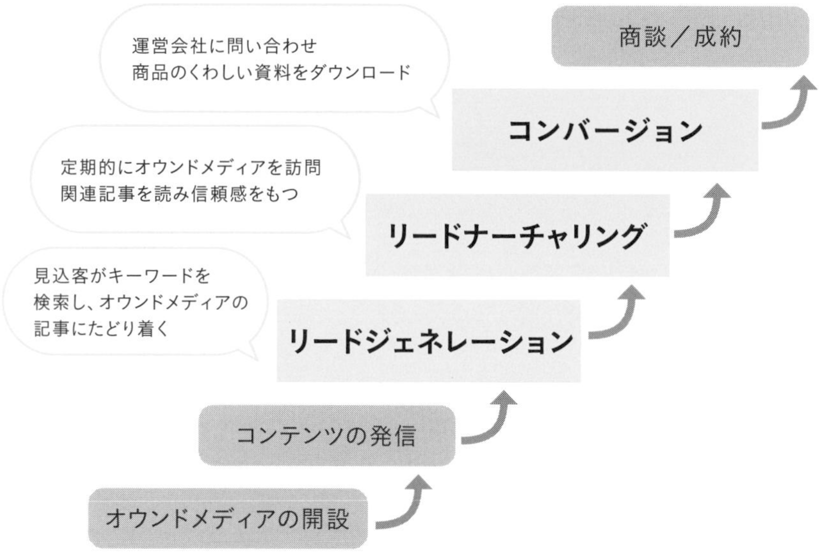

商談／成約

コンバージョン

運営会社に問い合わせ
商品のくわしい資料をダウンロード

リードナーチャリング

定期的にオウンドメディアを訪問
関連記事を読み信頼感をもつ

リードジェネレーション

見込客がキーワードを
検索し、オウンドメディアの
記事にたどり着く

コンテンツの発信

オウンドメディアの開設

02 オウンドメディア上で 定期的に記事を更新

社内外のリソースを活用し、お役立ち情報などを発信

　オウンドメディアは、記事（コンテンツ）を発信する媒体として開設します。コーポレートサイト内につくるのではなく、別ドメインを取得して独立した情報サイトとしてつくります。コンテンツは、読者の関心を惹くだけではなく、会社の商品への興味がわき、購入動機を高める記事を目標にしましょう。主な切り口として、①ユーザーにとって役立つ情報 ②悩みや課題を解決するためのヒント ③他社の成功事例やトレンド などがあります。会社や商品を紹介するような、宣伝や売り込みを感じさせる情報は控え、不動産業界なら「オフィス移転のコツ」「テレワークを使った働き方改革のトレンド」、飲食業が対象の食材メーカーなら「低カロリーで栄養価の高いメニュー」や「あれば便利な調理器具」などの記事がよいでしょう。

　ところで、記事は誰が書けばいいのでしょうか。これには、内製化する方法と外部リソースを活用する方法があります。前者は、費用がかからないメリットがありますが、文章力のある専属の担当者を設置する必要があります。後者は、オウンドメディアの運用を専門とする会社や広告代理店に委託する方法で、コストはかかるものの、専門性の高いライターに巡り会えば効果が期待できます。ただし、かつて他者が書いた原稿をコピペして、記事に流用した事件が発生したことがあるように、社内でのチェック体制は必要です。コンテンツマーケティングを行う企業では、内製による記事と外注による記事を併用するケースがほとんどです。また、新しい記事は1～2週間に1回の更新を目標としましょう。オウンドメディアのためだけに"書き下ろし"をするのは大変なので、ノウハウブックやニュースレター、クライアントへの提案書から流用し、アレンジするなど、できるだけ記事の更新は効率化したいものです。

▶ 図6-3　オウンドメディア 運用・更新の全体像

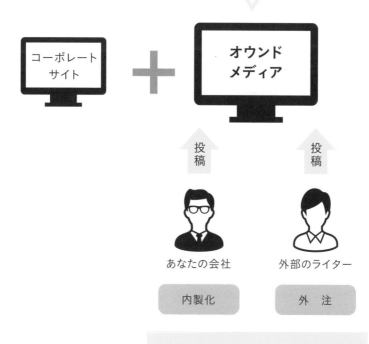

1 ユーザーにとって役立つ情報
2 悩みや課題を解決するためのヒント
3 他社の成功事例やトレンド

あなたの会社や商品の紹介

コーポレート
サイト

＋

オウンド
メディア

投稿　　投稿

あなたの会社　　外部のライター

内製化　　外注

1〜2週間に1回ほど更新

□ 上位表示のため、検索クエリに従いキーワードを挿入

　記事を書くときの注意すべきポイントは2つあります。まず、商品に関連する記事を書くこと。記事が短期間に広がり、多くのユーザーの注目を集めることを「バズる」といいますが、いくらバズっても、自社の売上につながらなければ意味がありません。もう1つは、ユーザーの検索結果で上位表示させるために、「検索クエリ」に従って記事を書くことです。

　クエリとは「質問」を意味し、検索クエリとは、ユーザーが検索するときの要求を言語化したものを指します。あなたも一度は「○○○○とは」でググったことがあると思いますが、これも検索クエリの一つ。大きく3つに分類され、①トランザクションクエリ（取引型）②インフォメーションクエリ（情報型）③ナビゲーションクエリ（案内型）があります。

　まず、トランザクションクエリは「Doクエリ」と呼ばれ、行動の意図をふくむもの。オフィスを探すなら「オフィス　賃貸」となります。インフォメーションクエリは「Knowクエリ」。情報を収集する際に使われます。「リスティング広告　とは」や「車の修理　方法」などで、検索数の多くを占めています。ナビゲーションクエリは「Goクエリ」といって、「ユニクロ　会社案内」とか「アパホテル　新宿」など、特定のブランドや企業のWebサイトへ移動することを目的としたもの。これら3つは単独で機能することもあれば、複合的に活用される場合もあります。むずかしく考えず、顧客企業の担当者が、検索しそうなキーワードをイメージしましょう。その語句を、記事のタイトルや小見出しに反映するとSEO対策となり、上位表示されやすくなります。

　一方、記事にたどり着いた見込客が、他の関連記事を読もうとしたとき、オウンドメディア内での検索性を高めることも必要です。これには、タイトルや本文に主要な検索キーワードを挿入する、ページに「タグ」を入れて探しやすくするなどの方法があります。さらに、「商品別」「目的別」「キーワード別」などで検索できるような、ユーザー目線でのナビゲーションを心がけましょう。

▶ 図6-4 　検索クエリをSEO対策に活かす方法

Do	[取引型] トランザクションクエリ
Know	[情報型] インフォメーションクエリ
Go	[案内型] ナビゲーションクエリ

	目 的	検索キーワード
Do	移転のため事務所を探したい	オフィス　賃貸
	社労士に働き方改革のことを聞きたい	社労士　相談
Know	リスティング広告って何か知りたい	リスティング広告　とは
	事故で社用車にキズがついた	車の修理　方法
Go	ユニクロってどんな会社なんだろう？	ユニクロ　会社案内
	新宿のアパホテルに宿泊したい	アパホテル　新宿

03 運用・更新の効率化には CMSとテンプレートを活用

記事の執筆者と更新担当者が、事前にルールを共有

オウンドメディアはそれなりの頻度で記事を更新するため、できるだけ効率的に運用できる仕組みが必要です。そのためのポイントとして、①CMS の活用 ②記事のテンプレート作成 があります。記事を更新するたびに、外部の Web 制作会社にお願いするのは、手間とコストがかかります。そこで、CMS を導入すれば、コーディングやプログラムの知識がなくても、ブログを書くような感覚で社内での更新が可能です（4-11 参照）。

次に、オウンドメディアのレイアウトに従って、テンプレートを作成します。多くは社内外に記事を書く担当者が複数いると思いますが、各自がばらばらの仕様で文章を書くと、デザインに支障が発生するため、タイトル・小見出し・本文の文字数や、箇条書き・表組・囲みコラムなどの体裁や仕様、写真を使用するときのサイズ（pixel：画素）などを記載したテンプレートを用意しておきます。社外のライターに依頼することもあるため、Microsoft Word など汎用ソフトで作成しましょう。

社内の執筆者や外部のライターは、テンプレートを元に記事を作成し、Word のテキストデータと写真・図版などを、オウンドメディアの更新担当者に送ります。担当者はオウンドメディアの管理画面にログインし、原稿をコピー＆ペースト、色や装飾ほかデザイン、写真の配置などを行い、更新用データをつくります。その後、公開前プレビューの画面を、オウンドメディアの発行責任者や執筆者、関連部門の担当者などが閲覧し、不備があれば校正、不備がなければ本サーバに記事をアップします。

複数の執筆者がいる場合、文体（です・ます調／である調）や語句の表記統一（子ども／子供など）をしましょう。更新担当者が訂正するのは手間になるので、事前に原稿作成のルールをつくっておくと便利です。

▶ 図 6 - 5 ┃ **オウンドメディアの効率的な
記事作成の流れ**

CMSの活用

オウンド
メディア

記事のテンプレートを作成

● タイトル・小見出し・本文の文字数
● 箇条書き・表組・囲みコラムなどの体裁や仕様
● 写真を使用するときのサイズ

文体や語句の表記統一のルール

執筆者A   執筆者B   社外ライター   ……

テンプレートに従って記事を作成

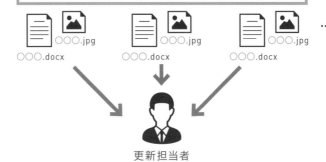

○○○.jpg   ○○○.jpg   ○○○.jpg   ……
○○○.docx   ○○○.docx   ○○○.docx

更新担当者

公開前プレビュー画面の作成・確認

本サーバにアップ

04 見込客の興味を惹く 記事の書き方とは

☐ 「構成」「読者」「抑揚」を意識し、気持ちよい文章を

　セールスコピーライティングの習得は、大きな力となります。ここでは、オウンドメディアで反応を得る3つのポイントを解説したいと思います。

　① 記事の「構成」を組み立てる
　② 記事の「読者」を想像する
　③ 記事の「抑揚」を心がける

　まず①の「構成」ですが、物語の基本となる「起承転結」や、序論・本論・結論の「三段構成」、あるいは前述の「PASONAの法則」など、さまざまな文章術があります。共感・展開・収束の3部構成に例えると、まず「共感」のパートは、問題提起とその掘り下げです。社会や環境の変化もふまえ、読者の悩みや課題を浮き彫りにします。「展開」のパートでは、一般的な事実に反する意外性のある事例を挙げて、主張を転換し、それが起きた理由を明確に結論づけます。最後の「収束」では、執筆者の意見や考えをまとめて総括し、読者に提案して行動を促します。

　記事の内容自体よりも重要なことは、②の「読者」をイメージすることです。年齢や性別はもちろん、特に意識したいのがリテラシーです。例えば対象読者が、システムにくわしいIT技術者と、スマホにふれたこともない高齢者では、記事のテーマや切り口、用語の扱いや書き方がちがってくるはずです。相手の立場を知り、読者に配慮した文章を心がけます。

　③の「抑揚」は、語感やリズムと言い換えられます。語尾を単調にしない。できるだけ断定する。同じ語句のくり返しを避ける。長文は小分けして、短く一文一義を心がける。要は、書いた文章を何度も推敲し、読者が気持ちよく読める文章を書くという姿勢が大切です。

▶ 図6-6 オウンドメディアで反応を得る
3つのポイント（1）

①　記事の「構成」を組み立てる

| 共感 | 一般的な問題提起／悩み・課題の掘り下げ |

▼

| 展開 | 意外性のある主張／その理由と結論 |

▼

| 収束 | 自分の考えの総括／読者への提案 |

［文章例］

共感

いま、生産労働人口が減り、売り手市場のため、採用で苦労している企業が多い。なかでも、学生に人気のない業種は、その傾向が強い。
たしかに、有効求人倍率は1.5倍以上ともいわれ、バブル期よりも高くなっている。企業は新卒の会社説明会を開催しても、学生は集まらないし、たとえ内定を出したとしても辞退する学生も増えている。……

展開

ところが、広く認知されていない、地方の中小企業にもかかわらず、新卒学生の採用に成功している会社があるのをご存知だろうか。
A社は、静岡県の○○市にある、社員数50人足らずの機械部品メーカーだ。地元で開催した会社説明会には、なんと200人もの学生が参加。2020年4月には10人の新卒社員を採用した。その理由は、ユニークな採用広告の打ち出し方にある。……

収束

さまざまな企業のリクルート活動をお手伝いした私の経験からいっても、中小企業だからこそ、学生の評判を集める大胆な採用戦略をとることができる。例えば、過去にお手伝いしたB社では、……
あなたの会社も、ちょっとした発想や工夫で、会社説明会への動員を増やすことができるかもしれない。もう一度、採用広告の見直しをしてみてはいかがだろうか。

🗌 読者の「共感」を獲得する文章を書くためのコツ

　オウンドメディアに記事を書く目的は、最終的には見込客との接点をもつことです。このためには、読者に発見や感動を与え、製品やサービスに気づいてもらう必要があります。共感を得る文章を書くには、いくつか知っておきたいノウハウがあります。

　「キャッチコピーは、リード文を読ませるためにある。リード文は、本文を読ませるためにある。本文の1行目は、2行目を読ませるためにある」これは、ある有名なコピーライターの言葉ですが、文章は書き出しが大事。週刊誌の記事は好例で、読者が一番興味を惹くところから書き出すことで、飽きさせずに一気に読ませることができます。これは、「結論から先に伝える」ビジネス文書にも通じます。また、事実やエピソードの具体的な描写は説得力を増し、文章にリアリティを与えます。逆に、「面白かった」「腹が立った」など感情を述べても、読者には真意が伝わりません。

　記事を書く上で、参考になるのが「小論文」の書き方です。社会の動きや事象に対して、YESかNOか自分の立場を決め、問題提起、意思表示、展開、結論とロジカルに構成すれば、読者の納得を得られやすい文章となります。「自分の立場」は、正直でなくても構いません。扱う商品が受け入れられやすい立場を選んでください。また、素材を十分に集めてから、原稿の作成にとりかかること。自分の経験だけでは、密度の高い文章を書くことは困難です。関係者から話を聞く、書籍を調べる、インターネットで検索するなど、書くための素材は多ければ多いほど有効です。

　ところで、密度が高く、テンポのいい文章を書く最大のコツとは何でしょうか。それは、規定文字数の3割多く書いて、完成後に文章を削ることです。これにより贅肉が減り、引き締まった文章になります。推敲時には、漢字とひらがなのバランスに留意するのも大事です。内容にもよりますが、漢字：ひらがなは3：7が理想です。ワープロやパソコンの普及により、何でも漢字に変換する人が増えましたが、読みにくさを助長します。ディテールにもこだわり、完成度の高い原稿をつくりましょう。

▶ 図6-7 | **オウンドメディアで反応を得る
3つのポイント（2）**

2 記事の「読者」を想像する

執筆者

「属性は?」　「リテラシー
は?」

見込客

3 記事の「抑揚」を心がける

| 語 感
リズム | • 語尾を単調にしない
• 体言止めを活用する
• 同じ語句をくり返さない | • あいまいでなく断定する
• 文は短く、一文一義に
• 長文は小分けして整理 |

◎ その他 文章術のノウハウ

文章は書き出しで決まる "おいしい"ところから書く	事例やエピソードは、 できるだけ具体的に描写する
小論文のように自分の立場を決め、 ロジカルに構成する	素材は十分すぎるほど 集めてから原稿にとりかかる
文字数の3割多く書いて削ると、 密度の濃い文章に仕上がる	漢字とひらがなの割合は3：7 見た目のバランスにも留意する

05 リマーケティング機能を使って訪問者を追跡

☐ 一度チャンスを逃した後も、接点をもち成約をねらう

リマーケティング[*1]とは、過去に自社サイトを訪問したユーザーに対し、別のページを閲覧中、自社のバナー広告を表示させ、再び自社サイトへと誘導する手法です。事前の設定で、数日から100日以上もの長期間まで、見込客を自動で追いつづけてくれます。例えば、会計ソフトを探すために、自社サイトを訪れたユーザーがいたとします。じっくり検討しようと、コンバージョンにはいたりませんでしたが、1週間後、別のページを見ていたとき、その会計ソフトのバナー広告を目にします。思わずクリックすると、思いのほか使い勝手が良さそうなので、問い合わせすることにしました―。このような一連の動きは、リマーケティング機能によるものです。

ここでいう「自社サイト」とは、ECサイト、コーポレートサイト、ランディングページ、オウンドメディアなどさまざま。例えば、「社内報」に関するオウンドメディアの記事を読んだユーザーに、自社の「社内報」関連のランディングページへリンクするバナー広告を表示させ、誘導できますし、ランディングページを見たがコンバージョンしなかったユーザーを、バナー広告から再び訪問してもらうこともできます。一度チャンスを逃した後も、見込客との接点をもちつづけ、成約へつなげるというわけです。

成功のポイントは、タイミングとバナー広告のデザインにあります。サイトを離脱してすぐ、あるいは2～3ヶ月以上後に広告を表示しても、効果は見込めません。商品にもよりますが、翌日から2週間くらいがホットな時期。見込客の関心が薄れないうちに告知する必要があります。また、離脱の理由が品質なのか、価格なのかはわかりません。そのため、複数のバナー広告を設定し、交互に表示させることも効果的です。

*1　Googleではリマーケティング、Yahoo!の検索広告は「リターゲティング」という

▶ 図6-8 | 決してチャンスを逃さない!
リマーケティングの流れ

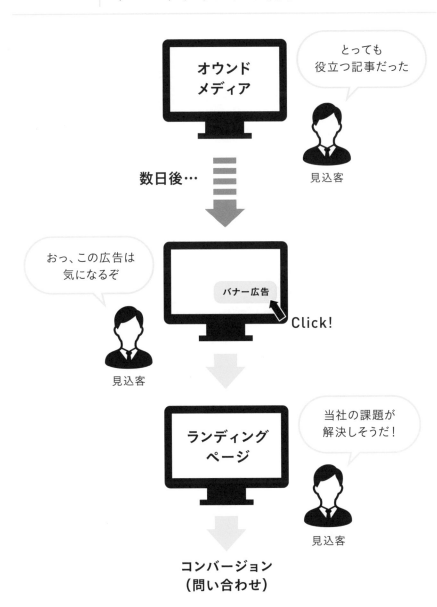

オウンド
メディア

とっても
役立つ記事だった

見込客

数日後…

おっ、この広告は
気になるぞ

バナー広告

Click!

見込客

ランディング
ページ

当社の課題が
解決しそうだ!

見込客

コンバージョン
（問い合わせ）

法人営業におけるSNSと動画の活用

　SNSは、情報の発信・共有・拡散などを通して、コミュニケーションを図るサービスのことです。米国ではSNSを活用した「ソーシャルセリング」という営業手法が盛んですが、日本ではほとんど広まっていません。これには2つの理由があります。

　1つは、環境のちがいです。国土が広大な米国は、ダイレクトレスポンスマーケティングの発祥地。営業スタッフに会わずに購入することに対し、あまり抵抗がありません。一方、商圏が集中している日本は、見込客のいる場所に出向く訪問営業が主流です。SNSはもとより、Webマーケティング後進国といわれる理由もここにあります。もう1つは、雇用のちがいです。組織への帰属意識が少なく、個人の能力を重視する米国は、結果がともなうなら営業のやり方は自由です。しかし、終身雇用を前提としてきた日本は、組織への依存が強い社会。「炎上したら困る」と、売上を上げるよりも会社のリスクを警戒する傾向があります。そのため、日本のB2B企業がSNSを活用して成功する例は、非常に少ないようです。

　一方で動画は、上手く活用すれば非常に効果的な手法です。企業がつくるものとして、①デモンストレーション動画 ②インタビュー動画 ③ブランディング動画 があります。①は、わかりやすくインパクトある商品の動画をつくり、自社サイトに掲載。コンバージョン率向上に寄与します。②は、導入企業の担当者に、解決した課題や商品の特長を第三者的に語ってもらうもの。テキストで表現するよりも、はるかにリアリティがあり、語り手が大企業や有名企業であるほど効果があります。③は、会社の歴史やコンセプト、技術開発、商品への思いなどを伝えるイメージ戦略に貢献します。複数の動画をストックする

なら、YouTube チャンネルに登録すると、管理がしやすくなります。動画は、観た人の記憶に残り、短時間で良さが伝わりますので、制作するなら徹底して品質にこだわりましょう。

▶ 図6-9 　知っておきたい
「ＳＮＳ」と「動画」のポイント

Ｂ２Ｂ企業の成功事例は少ない

テーマ	主なSNS
交　流　型	Twitter、Facebook　など
連　絡　型	LINE、Facebook Messenger　など
写　真　型	Instagram　など
映　像　型	YouTube　など

ＳＮＳ
と
動画

テーマ	ポイント
デモンストレーション動画	● 製品やサービスをわかりやすく伝える ● インパクトを与えてコンバージョンにつなげる
インタビュー動画	● 導入企業における「お客様の声」を自社サイトに掲載 ● 解決した課題や商品の良さを、第三者に語ってもらう
ブランディング動画	● 歴史やコンセプト、技術開発力、商品への思いを伝える ● 企業のイメージアップと、価値向上に貢献

品質が良ければ効果的な手法

お役立ち情報を掲載 「コンテンツSEO」

☐ コンテンツの有無は、競合との大きな"格差"を生む

　コンテンツマーケティングは、オウンドメディアから有益な情報を定期的に発信して、見込客の信頼を獲得し、中長期にわたる関係性を築き上げる手法です。検索画面で記事を上位表示させることに主眼が置かれており、最近ではコンテンツ SEO と呼ばれています。

　売り手側とすれば、理論的には納得できても、「本当に売上につながるのか？」という疑問の声が多いのも事実。「バズる」記事は簡単に書けるものではないし、多くの方に記事が読まれても、それが売上を生み出しているかはわかりません。そもそも、検索画面で自社の記事を上位表示させるのは非常にむずかしく、オウンドメディアの運営企業は Google 対策に頭を悩ませています。これは、「いますぐ客」との商談がすぐに発生し、効果測定も簡単な「リスティング広告」との大きなちがいです。

　たしかに、記事を上位表示させられれば理想ですが、オウンドメディアの運用法は必ずしも SEO 対策を意識した記事を発信することだけではありません。例えば、すでに接点のある見込客を、自社の記事へ誘導することができます。後に述べるように、自社が発行するメールマガジンの本文から、オウンドメディアの記事へのリンクをクリックしてもらう。あるいは、問い合わせや資料請求があった見込客への挨拶メールに、要望やニーズに沿った記事へのリンクを挿入するのも効果的です。何よりも、企業にとって、コンテンツは"形のない資産"。営業トークやプレゼンテーション、印刷物ほか他のメディアへの掲載、社員教育などに、幅広く利用できます。

　短期的にはすぐ売上にならなくても、中長期的に考えると、見込客に役立つコンテンツの有無は競合との大きな差となって表れます。あせらず、気長に続けることが肝心です。

- [ ] 売り込まず、見込客との自然な接点を生み出す手法
- [ ] オウンドメディアで有益な情報を発信し、信頼を獲得
- [ ] 商品の情報ではなく、ノウハウやお役立ち情報を伝える
- [ ] 「そのうち客」と関係を持ちつづけ、商談機会をねらう
- [ ] 専門家・業界リーダーとして、有利なポジションを確保
- [ ] 見込客を集め、育て、成約する仕組みをつくる
- [ ] 内製・外注の両輪で記事を作成し、定期的に投稿する
- [ ] 検索クエリに従って、記事の上位表示をめざす
- [ ] CMSとテンプレートで効率的な更新と運用を
- [ ] 構成・読者・抑揚を意識し、興味を惹く文章を書く
- [ ] 一度訪問した見込客をリマーケティングで自動追跡

お役立ち情報に特化し、インバウンドセールスを強化

☐ ユーザーが知りたい記事をキーワード別に検索できる

社内に営業スタッフを置かない方針にすると、Web上での情報提供が重要になってきます。"紙"のオウンドメディアともいえるニュースレターを発行し、見込客との接点強化に役立てようとしても、紙媒体は読者が限定されます。このような場合、インバウンドセールスの強化を目的としたオウンドメディアをスタートさせることが効果的です。

例えば、コンセプトは「あなたと奏でる情報サイト」、対象者は企業で広告宣伝や広報、経営企画に関わる担当者。中小企業なら、経営者もターゲットです。彼らに対して、マーケティングや人材採用・組織強化のヒント、企画・制作の手法、広告・広報の最新トレンドなどを発信します。

カテゴリは「アイテム」「テーマ」「クリエイティブ」の3つで、それぞれキーワード別に、記事を検索できるようになっています。「アイテム」は、会社がつくる制作物の種類のこと。会社案内、社内報、Webサイトなど制作物ごとに、ユーザーが知りたい情報が得られます。「テーマ」は、販売促進や人材育成など、企業の課題に応じたカテゴリ。「クリエイティブ」は、プランニング、デザイン、撮影など、モノづくりに必要な考え方を伝えるカテゴリとなっています。最新記事はTOPページに自動で更新され、特に読んでもらいたいコンテンツは「おすすめ記事Pick up」として、同じくTOPページに掲載。また、情報サイトと位置づけるため、Google AdSenseに登録し、意図的に他社の広告を表示しています。

オウンドメディアの記事では、絶対に自社商品のPRをしてはいけません。商品に誘導しようとすれば、ユーザーは必ずそれを察知します。あくまで、見込客にとってのお役立ち情報に徹するようにしてください。

▸ 図6-10　ユーザーファーストで満足度を高めるサイトの仕組み

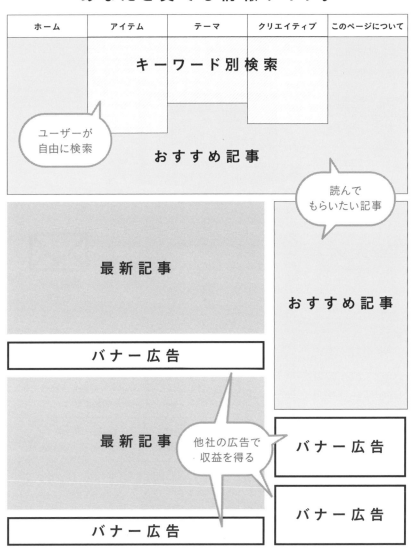

あなたと奏でる情報サイト♪

| ホーム | アイテム | テーマ | クリエイティブ | このページについて |

キーワード別検索

ユーザーが自由に検索

おすすめ記事

読んでもらいたい記事

最新記事

バナー広告

おすすめ記事

最新記事

他社の広告で収益を得る

バナー広告

バナー広告

バナー広告

▶ 図6-11　　幅広い動線からユーザーを自然に誘導

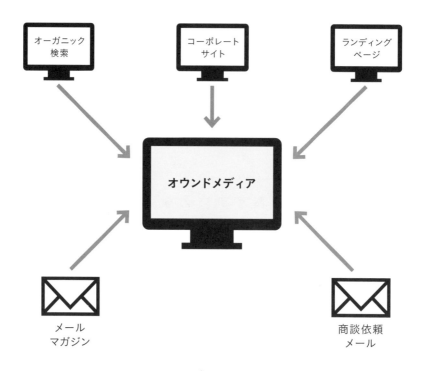

オーガニック検索	● オウンドメディアの記事をSEOで上位表示させる ● まったく新規の見込客との接点を得ることができる
コーポレートサイト	● サービスのページに関連記事のリンクを掲載して誘導する ● TOPページからワンクリックでの動線を配置する
ランディングページ	● ページの途中に関連情報としてリンクを張って誘導する ● ユーザーのニーズが明確なので、大きな効果が見込める
メールマガジン	● 見込客・既存客リストに配信するメルマガにリンクを張る ● ユーザーの興味を惹くタイトルで、訪問率を高める
商談依頼メール	● 商談依頼の際、関連記事のリンクを張ったメールを送信 ● アドバンテージとなり、有利に商談を進めることも可能

Chapter 7

潜在ニーズを掘り起こす
「ダイレクトメール」

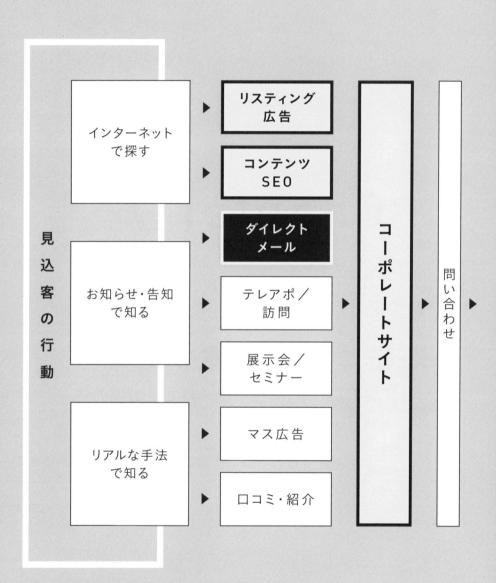

見込客の行動

インターネット
で探す

リスティング
広告

コンテンツ
SEO

ダイレクト
メール

お知らせ・告知
で知る

テレアポ／
訪問

展示会／
セミナー

リアルな手法
で知る

マス広告

口コミ・紹介

コーポレートサイト

問い合わせ

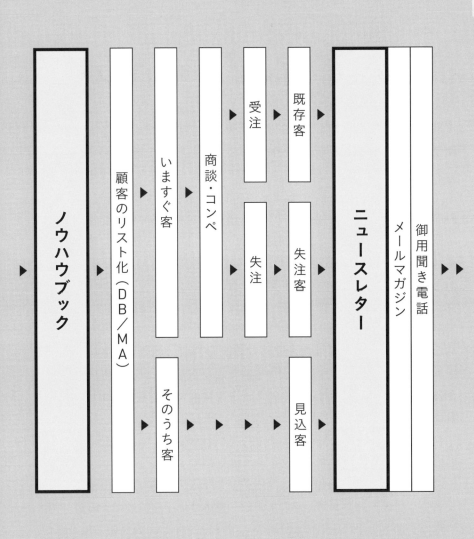

ノウハウブック

顧客のリスト化（DB／MA）

いますぐ客

そのうち客

商談・コンペ

受注

失注

既存客

失注客

見込客

ニュースレター

メールマガジン

御用聞き電話

01 意外に効果のある アナログ手法の代表格

見込客の潜在ニーズに訴え、個人情報を手に入れる

　ダイレクトメール（DM）とは、さまざまな通信手段を用いて、特定のアドレスにむけて情報を届けるマーケティング手法です。あなたの家の郵便受けに届く、企業からの郵便物を想像してもらえば、わかりやすいと思います。ただし、法人を相手にするB2Bでは、個人のアドレスを取得することはむずかしく、会社名・部署名のアドレスに送付することになります。PUSH型媒体のダイレクトメールは、顕在ニーズはもちろん、潜在ニーズを掘り起こすことができるのが最大の特長(Column 01参照)。昨今のお客様は、「欲しいものがない」わけではなく、「欲しいものがわからない」のが本音です。氾濫する情報を整理し、有用なコンテンツを提供することで見込客の共感を得る、アナログ手法の代表格といえます。

　ところで、まったく同じ商品でも、「潜在ニーズ」にも「顕在ニーズ」にもなり得ます。例えば、健康食品の「青汁」。病気がちな人にとっては「顕在ニーズ」ですが、いまは健康でも病気になりたくない人にとっては「潜在ニーズ」です。前者はインターネットで検索するかもしれませんが、後者は自ら情報を探しにはいかないはず。これはB2Bでも同様で、意外かもしれませんが、課題に気づいていない見込客は少なくありません。ここで効果を発揮するのが、ダイレクトメールなのです。

　B2Bを対象とする場合、ワンステップで購入・成約してくれることはありません。ダイレクトメールの目的は、見込客に手を挙げてもらい、個人情報のリストを手に入れることにあります。ですが、大企業の担当者が、見知らぬ会社からの郵便物やメールを読み、しかも個人情報を入力してくれるでしょうか？ ここが、ダイレクトメールにおける最大の難所です。次のページからは、成功に導く方法やノウハウを解説したいと思います。

▶ 図 7 - 1　**ダイレクトメールは
工夫次第で大きな果実も**

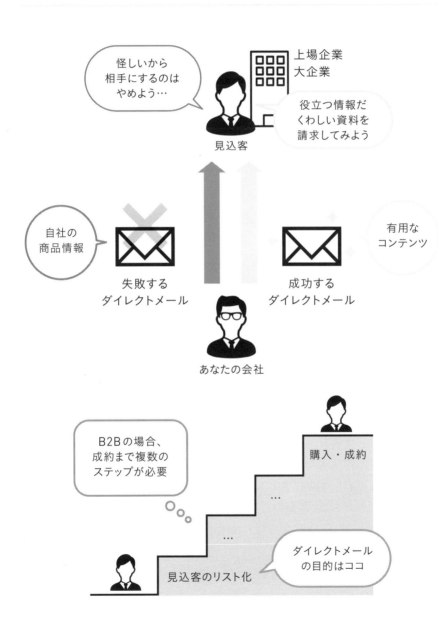

02 4つの方法のなかで 圧倒的に効果的な 郵送DM

□ コストはかかるが、最も期待でき安心なのは郵送DM

　ダイレクトメールの手段は、①郵送 ②メール ③フォーム ④ FAX と大きく4つあります。①郵送は、パンフレットやチラシなど印刷物を、郵便局や物流会社から発送する方法。詳細は後述しますが、最も効果が期待できます。②メールは、インターネットでアドレスを収集し、テキストを入力して送信。③フォームも同様、コーポレートサイトにある「お問い合わせ」ページにアクセスし、フォームを送信します。④ FAX はリスト販売会社から手に入れた企業の FAX 番号に、チラシや手紙を送信する方法。4つとも経験してきた筆者の経験から、メリット・デメリットをお伝えします。

　最初に試したのは FAX です。リスト会社から購入せず、インターネットで FAX 番号を調べて送信していたのですが、2週間で撤退することに。A4判3枚つづりの長い手紙を送信していて、複数の企業から、「紙のムダだから、やめてくれ」と苦情が寄せられたからです。今の複合機には FAX データを保存する機能があるとはいえ、成果は得られないと判断しました。

　その後、メールとフォームを使ったダイレクトメールにも着手しました。大手就活サイトで人事部の代表アドレスにメールを送付、あるいは、上場企業のコーポレートサイトを訪問し、フォームに入力して送信という方法。セールスコピーの成果か、「ぜひ、くわしい話が聞きたい」と反響があり、初めの頃は一定の成果が出ました。これに気を良くしていたのですが、次第に「このアドレスは、営業のためのものではない」「二度とこういうメールを送らないように」と忠告を受けるように。さらに、迷惑メール受信拒否など反応が得にくくなり、数年後には撤退しました。

　これらの経緯により、現在まで続いている方法は郵送のみ。これまでに、のべ5万社以上に届けていますが、苦情は一度もありません。

▶ 図7-2 ┃ **ダイレクトメール 4つの方法と比較表**

見込客

代表または関連部署

郵送　　　メール　　フォーム　　FAX

社内または発送代行会社

あなたの会社

	コスト	特　徴
郵送	大 （リスト購入費・印刷費・発送費）	● 苦情もなくストレスはない ● 最も効果的な方法
メール	無　料	● 迷惑メールに振り分けられる ● 目的外なのでクレームになる
フォーム		● リスト化できず、手間がかかる ● 文字数制限など個々に対応が必要
FAX	小 （通信費　※配信代行費）	● 複合機に保管されるも削除されがち ● 一社一社、いちいち送るのは面倒

03 開封率を高め、長く保管してもらう工夫を

滞在期間の長期化と口コミの発生で、成果を生み出す

郵送のダイレクトメールを企画するとき、注意しておくべきことが2つあります。それは、「開封前の動機づけ」と「開封後の読み応え」です。

「開封前の動機づけ」とは、開封率を高めることです。1つ目のポイントは、ニーズがあり取引の可能性がある企業を対象としているか。高額のサービスを売るとすれば、予算が少ない企業は対象になりません。また、起業したばかりで実績のない企業が、取引に慎重で保守的な大企業にアプローチするのも、無理があります。2つ目は、案件の担当者や決裁者など、キーパーソンにリーチすること。中小企業であれば、社長自身でなくとも秘書や社長直下の部署。中堅・大企業であれば、担当部門に届けば、商談の可能性は高まります。3つ目は、封筒に印刷するメッセージに工夫を凝らすこと。また、それなりに分厚く、デザイン性の高い印刷物を送ると効果的です。透明封筒はコストが安いものの、ダイレクトメールだと判断されやすいため、中身が見えないほうが開封されやすい傾向にあります。

「開封後の読み応え」は、見込客の第一印象を高め、商談機会を生み出すことが目的。そのため、見込客の共感と納得感を得るだけの、十分な情報量と魅力あるコンテンツが求められます。読者に気づきや発見、ノウハウ、ヒントを提供すれば、結果として、その後の商談のチャンスにつながります。「そのうち客」に対しても、冊子のクオリティが高ければ滞在期間も長くなり、いつか行動してくれる可能性があります。手に取った読者の反応が良ければ、他部署への紹介も期待できます。

見込客がダイレクトメールを手に取り、「いつか役に立ちそうだ」「別の部署（グループ会社）に紹介しよう」と思ってもらえれば、成功したのも同然。滞在期間の長期化と口コミの発生は、大きな成果につながります。

▶ 図7-3 　郵送ダイレクトメールの
反応率を高める2つのポイント

ポイント①

開封前の動機づけ

1 取引可能性の高い
企業をリスト化

2 キーパーソンがいる
部署に送付

3 工夫した封筒と
ボリュームのある冊子

ポイント②

開封後の読み応え

十分な情報量と
魅力あるコンテンツ

見込客の
共感・納得感を得る

滞在期間の長期化と
口コミの発生

すぐにくわしい
話を聞きたい！

面白い！ いつか
役に立ちそうだ

担当の部署に
紹介してやろう

いますぐ客

そのうち客

担当外の人

未来の商談機会の最大化

04 「郵送DM」を 成功させる方法とは

☐ 訴求力があり、価値を感じやすく、口コミを生む優位性

　ダイレクトメールの4つの方法のうち、最も反応率が高いのは「郵送DM」と述べましたが、これには大きく3つの理由があります。

　1つ目は、見込客に対する訴求力が高いこと。色やデザイン、レイアウトに自由度がある印刷物は、十分なコンテンツを伝えることができるため、読者にインパクトを与えて第一印象を高めます。2つ目は、価値（ブランド）を感じてもらいやすいこと。「返報性の法則」には実体のある印刷物が最適です。まったく同じ情報でも、PDFのような電子データよりも、印刷されたパンフレットのほうが、高い価値を感じるものです。ラブレターでも気持ちが伝わりやすいのは、自筆の手紙だと思います。3つ目は、見込客の社内で話題にのぼりやすいこと。メールやフォームで送信されたダイレクトメールの場合、受け取った社員が社内で共有することはめったにありません。ところが、郵送された印刷物なら、コンテンツや表現の工夫次第で、口コミが発生する可能性があります。コストがかかるというデメリットを差し引いても、郵送DMには大きなアドバンテージがあります。

　ところで、郵送DMには、①1ステップ型と②2ステップ型があるのをご存知ですか。前者は、十分なボリュームのある冊子を最初から送る方法、後者は、まずオファーを掲載した簡易的なチラシを送り、反応した見込客に冊子を送る方法です。筆者の会社では①と②を併用していて、冊子とチラシを同封し、顕在客には冊子で即反応をねらい、潜在客にはチラシのオファーでリスト化を促しています。どの方法が適しているのかは、商品の性質や見込客のペルソナによって決まります。

　いま、Webマーケティングが全盛で、インバウンドセールスが主流の時代。だからこそ、あえて「郵送DM」の存在が際立つのです。

▶ 図 7 - 4　　3つのアドバンテージと2つのタイプ

「郵送DM」3つのアドバンテージ

1　訴求力が高く、インパクトがある

2　実体があるため、価値を感じやすい

3　見込客の周りや社内で話題にのぼる

 ＞ コスト

見込客

見込客

① 送付

冊子

① 送付

チラシ

② 資料請求

③ 送付

冊子

1ステップ型

2ステップ型

あなたの
会社

すべての企業に
価値を届けるのが目的

興味のある企業の担当者を
リスト化するのが目的

5つの段階を経て、外部パートナーの協力で成立

　ここからは、郵送DMの一般的なフローについて、5つの段階に分けて解説したいと思います。

　最初に、売りたい商品とターゲットを決めます。商品は必ずしも1つに絞らなくてもいいですが、ターゲットは絞る必要があります。規模・売上・業態・エリア・上場の有無など、取引できそうな顧客企業をイメージしましょう。同時に、「100万円を投資して、15件の問い合わせを獲得する」など、おおまかな予算と目標とする成果を決定します。次に、発送先リストの準備。これには、①自社で作成②外部から購入 という2つの方法があります。前者は無料ですが、インターネットで検索しながらデータベースをつくるため、膨大な手間がかかります。一方、後者はコストがかかるものの、業者から一括購入できて効率的。最近では、ネット上で自動的にリストを収集する便利なソフトも登場し、1件の購入単価は非常に安くなりました。ただし、規模・業種・本社所在地などの属性から目的のリストを購入できるものの、不要リストがふくまれていることもあります。できるだけ、手作業でスクリーニングすると精度の高いリストが完成します。

　次に、ダイレクトメールの制作です。高度なクリエイティブが求められるため、外部の専門会社に依頼するケースがほとんどです。効果を高めるには、最低16ページ以上の冊子を制作する必要があります。また、魅力あるオファーを掲載し、見込客に次のアクションを促します。そして、いよいよ発送です。通常、郵送DMは千・万通の単位となるため、冊子の封入、発送先ラベルの出力や貼付、配送の手配などを、発送業者に依頼することになります。このほうが手間もかからず、発送単価も下がります。最後の段階では、反応のあった見込客をリスト化。その後、電話やメールで商談機会を生み出していきます。

　フローは複雑に見えるかもしれませんが、実際にはとても単純です。ただし、3段階目のダイレクトメールの制作は簡単ではありません。成果が大きく左右されるため、外注パートナーは慎重に検討しましょう。

▶ 図7-5 　　5つの段階を経てコンバージョンを獲得

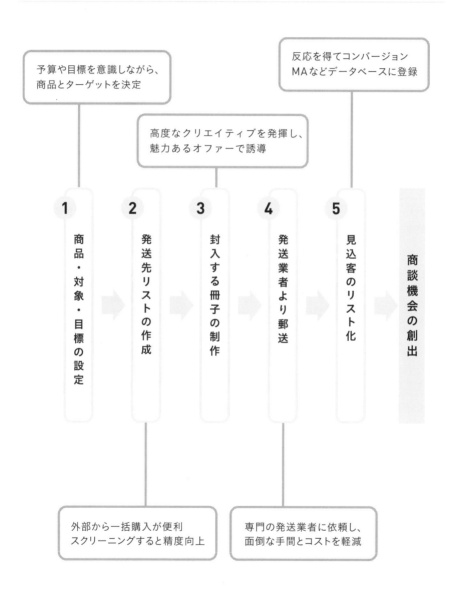

予算や目標を意識しながら、
商品とターゲットを決定

反応を得てコンバージョン
MAなどデータベースに登録

高度なクリエイティブを発揮し、
魅力あるオファーで誘導

1 商品・対象・目標の設定

2 発送先リストの作成

3 封入する冊子の制作

4 発送業者より郵送

5 見込客のリスト化

商談機会の創出

外部から一括購入が便利
スクリーニングすると精度向上

専門の発送業者に依頼し、
面倒な手間とコストを軽減

05 「リストの質 × クリエイティブ × 魅力あるオファー」 で決まる

☐ 売上につながる可能性の高い見込客リストをつくる

「販促の設計図」において、見込客との接点を生み出す「発掘」のステップでは、共通する成功のコツがあります。それは、見込客が反応しやすい商品を選ぶこと（フロントエンド）、見込客の心理・行動を正しく想像すること（ペルソナ）です。これを前提とした上で、郵送 DM を成功に導くには、3 つのキーワードを知る必要があります。それは、①リストの質 ②クリエイティブ ③魅力あるオファー です。

郵送 DM において、「リストの質」とは、何を意味するのでしょうか。有名調査会社から高額のリストを購入しても、「本社が移転していた」「別会社と合併して社名が変わっていた」というケースは、決してめずらしくありません。リストの質（精度）を高めるには、面倒でも一社一社、検索してスクリーニングする必要があります。また、実績に乏しく社歴の浅い中小企業なら、いくら「有名な大企業と取引したい」と考えたとしても、それは"いばらの道"です。つまり、顧客になり得ない企業に、いくら頑張ってダイレクトメールを送っても無意味。特に反応が得にくいのは、社員数1万人以上の超大手企業、銀行・保険など金融関連企業、財閥系企業、エネルギー関連の保守的な企業です。「絶対に取引は無理！」とは言い切れませんが、商談以前に与信で取引を回避されることが多いと思います。目の前にある確実な売上をねらうほうが、現実的ということです。

筆者の会社も、今でこそ有名企業からの引き合いもありますが、これは実績が増え、創立10年が経過した頃からです。郵送 DM をスタートした頃は、反応をもらっても、商談にすらのぞめませんでした。多くの大企業は、聞いたこともない中小企業からのダイレクトメールに対して、不安や危惧を感じるものだと心得ておきましょう。

▶ 図7-6　　郵送DMの成功方程式（1）

郵送DM
の成功　＝　リストの質　✕　クリエイ
ティブ　✕　魅力ある
オファー

1 「リストの質」を高めるには？

精度を
高める　➡　移転による住所変更　　合併による社名変更

反応を
高める　➡　分相応で取引の可能性が高い企業

郵送DMで反応を得にくいのは…

社員数1万人以上
の超大手企業

銀行・保険など
金融関連企業

格式の高い
財閥系企業

インフラ・エネルギー
など保守的な企業

ボリュームある冊子を制作し、次のアクションを促す

　次に大切なのは、「クリエイティブ」です。これは内容と表現を意味し、見込客の共感・納得感を得るのに十分な「コンテンツ（コピー）」と、それを心地よく伝える「ビジュアル（デザイン）」で構成されます。すぐにゴミ箱行きになるのではなく、「このパンフレットは今後、きっと役立ちそうだから手元にとっておこう」「社内の関連部署や上司にも読んでもらおう」と感じてもらえるかどうか。手間とコストをかけてクオリティにこだわると、郵送 DM の滞在期間が長くなり、口コミや紹介につながる可能性が向上します。クリエイティブが重要な理由はここにあります。見込客に対して深い共感を誘うには、商品ごと、業界ごとに制作すると、さらに効果的。「自分の悩みや課題は、この冊子に書いてあるとおりだ！」と見込客に確信してもらうことができれば、商談の可能性はさらに高まります。これらの理由から、郵送 DM を成功させるには冊子の形状にし、それなりのページ数（16 ページ以上を推奨）にすることが必要なのです。

　最後に、「魅力的なオファー」を用意することも忘れてはいけません。郵送 DM とは、テレビ通販のようなもの。テレビ通販は、「ふ〜ん、なるほど」と納得してもらうだけでは不十分で、フリーダイヤルに電話してもらって初めて売上が発生します。同様に、郵送 DM でも、見込客に行動してもらう必要があります。この最大の"フック"となるのがオファー。これと引き換えに見込客の個人情報を手に入れるため、読者に有用なコンテンツを検討してください。筆者がよく使うオファーには、「もっとくわしい資料」「他社の成功事例」「概算価格表」「ニュースレターの無料購読」などがあります。これらオファーは、あくまで見込客との接点を生み出すのが目的。そのため、パワポや PDF をプリントした資料でも問題ありません。

　郵送 DM の成功は、「リストの質」「クリエイティブ」「魅力あるオファー」の乗算で成果が決まるため、どれか 1 つでも怠れば反応率は大きく減少しますし、すべてに力を注げば必ず結果につながります。

▶ 図7-7 郵送DMの成功方程式（2）

2 「クリエイティブ」が重要な理由は？

役立ちそうだから
手元にとっておこう

社内の関連部署や
上司に読んでもらおう

滞在期間が長期化

見込客

口コミ・紹介の発生

提案

冊子

あなたの会社

納得できるコンテンツ
心地よく伝えるビジュアル

3 「魅力あるオファー」で行動を促すには？

見込客

どうしても
手に入れたい！

魅力ある
オファー

提案

オファーを請求

もっとくわしい資料
他社の成功事例
概算価格表
ニュースレターの無料購読

あなたの会社

06 反応率0.5%をめざせば、十分にもとがとれる

□ 目先の問い合わせや売上ではなく、LTVに着目する

　郵送でのダイレクトメールは、それなりの予算を投じなければ十分な成果が得られません。では、どのくらいの反応率で成功といえるのでしょうか。

　結論からいうと、0.5%の反応率を目標にしてください。法人に売る商品は一般的に高単価で、利益率も悪くありません。そのため、大きな反応率でなくとも、十分に費用をまかなうことができます。上場・中堅企業を対象とするダイレクトメールで、反応率1%を超えるのは至難の業です。筆者の経験からも、1%を超えたことはたった一度しかありません。0.5%を目標にするというのは、5,000社に郵送DMを送付し、25社から問い合わせを獲得。そのなかから10社の商談が発生し、3社成約というイメージです。「5,000社に郵送して、たった3社か……」そう思わないでください。たしかに、5,000社にダイレクトメールを郵送するには、リストの購入費、パンフレットの制作・印刷・発送費を合計すると200万円以上かかります。ですが、成約した3社の売上がそれぞれ100万円だとすれば、初年度の売上は300万円。その3社が翌年、翌々年と同額の発注をしてくれれば、3年間で900万円です。そして、22社の「そのうち客」をニュースレターやメールマガジンでフォローして、翌年に3社からの発注を得たとすると、300万円。翌々年も発注がつづけば合計600万円です。つまり、ダイレクトメール発送直後の売上はたった300万円でも、翌年にはLTVが900万円、さらに翌々年には1,500万円まで上昇します。

　4年目以降、この6社の既存客からの発注がつづき、さらにクロスセル、他部署やグループ会社への紹介が発生すれば、LTVは非常に大きなものになります。目先の反応率ではなく、LTVに着目することが成功の秘訣です。

▶ 図7-8　　反応率0.5％で十分にもとがとれる理由

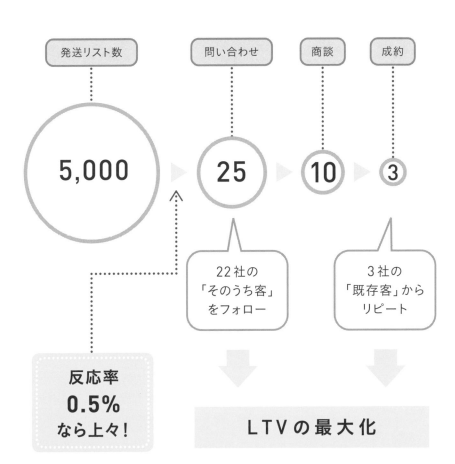

| 発送リスト数 | 問い合わせ | 商談 | 成約 |

5,000 ▶ 25 ▶ 10 ▶ 3

22社の
「そのうち客」
をフォロー

3社の
「既存客」から
リピート

反応率
0.5％
なら上々！

LTVの最大化

潜在ニーズを掘り起こす ダイレクトメール

☐ 十分なコンテンツと高い感性で、見込客の満足度を向上

　「Webマーケティングが全盛のいま、なぜダイレクトメール?」そう思った方も多いのではないでしょうか。しかし、デジタルが主流だからこそ、手元に届く"実体"のある印刷物が効果的なケースもあります。理由として、商品が多すぎて選べない、商品に気づかないという背景があります。見込客すべてが明確なニーズを持ち、インターネットで商品を探すわけではなく、質の高い商品を知らない優良顧客は、必ず存在しています。これらのお客様に認知してもらうには、ダイレクトメールが最適というわけです。

　ところで、筆者もダイレクトメールを受け取ることがありますが、ほとんどが即、ゴミ箱行きです。理由は明白で、①売り手側の論理で作っている ②コンテンツが不十分 ③安っぽくて読む気にならない など読者への配慮が足りないケースが目立ちます。開封させるために工夫を凝らしたものを目にすることもありますが、実際には奇をてらって開封率を高めるよりも、滞在期間の長期化と口コミの発生が成果を生みます。そのためには、受け取った見込客に「いつか役立ちそうだから、とっておこう」と感じさせるコンテンツが絶対に必要です。

　筆者の記憶に残るダイレクトメールを2点、ご紹介しましょう。1つはオフィス内装会社からのDMで、美しくデザインされたオフィスの事例が多数掲載されていて、1年以上デスクの引き出しに保管していました。もう1つは、外資系カード会社からのアッパー層向けのDMで、30ページほどあるA5判の上製本。プライドをくすぐるデザイン性の高い小冊子で、何度も読み返した記憶があります。これら2点は、高単価もしくはLTVの大きな商品で、価値に見合う品質を感じました。ダイレクトメールの成功には、コンテンツとともに、高い感性が求められます。

- [ ] 顕在ニーズだけでなく、潜在ニーズの掘り起こしが可能

- [ ] 見込客が気づいていない課題をPUSH型で告知

- [ ] クレームもなく、最も効果が期待できるのは郵送DM

- [ ] 開封率よりも、滞在期間の長期化と口コミの発生を重視

- [ ] すぐゴミ箱行きにならないよう、読み応えあるコンテンツを

- [ ] 商談をねらう1ステップ型、リストを得る2ステップ型

- [ ] 取引の可能性を考慮し、送付先リストの質を高める

- [ ] クリエイティブを決めるのは、十分なページ数とコンテンツ

- [ ] 魅力あるオファーを用意し、見込客の行動を促す

- [ ] LTVに着目すれば、反応率は0.5%でも十分

- [ ] 初回取引は、導入しやすいフロントエンド商品を選ぶ

郵送DMに適した見込客の 3つの特徴とは

☐ 部署が明確で悩みを想像でき、発注先の変更が容易

　毎年1〜2回、郵送DMを1,500〜1万社に送付し、失敗があっても反応率0.7〜0.9％ほどの推移をするためには、ダイレクトメールに適した商品とそうでない商品を見極める必要があります。

　郵送DMに適した見込客には、おおむね3つの特徴があります。1つ目は、担当部署が明確なこと。例えば、「リクルート案内」なら人事部、「株主通信」なら広報・IR部など、送付先を明記できれば、担当者の目に留まりやすくなります。2つ目は、悩みや課題が予想できることです。「新卒採用でエントリーが少なくて困っている」「株主・投資家に魅力を訴求できていない」など、担当者の状況をイメージできれば、的確な情報を提供できるからです。3つ目は、発注先をチェンジしやすいかどうか。一般的に大手企業ほど、新規のサプライヤーとの取引には慎重になるもの。そのため、特に初回の取引では、できるだけ導入しやすいフロントエンド商品を選びます。取引して信頼関係を構築した後なら、バックエンド商品を売ることも可能です。前者は金額が安く、事業への影響の小さい商品。後者は高額かつ失敗が許されない商品です。例えばチラシや社内報がフロントエンド、コーポレートサイトや販促コンサルティングがバックエンド商品です。

　ところで、「過去にダイレクトメールを送ったけど、反応がなかった」という方もいるでしょう。この原因の1つは、リスト・クリエイティブ・オファーのどれか（あるいは全部）が悪かったから。もう1つは、コーポレートサイトに問題があったからです。B2Bの場合、いくら商品に魅力を感じたとしても、見込客は必ず売り手企業を調査します。その第一歩となるコーポレートサイトで、十分なコンテンツを提供できなければ、商談に進む可能性は減少します。つまり、「集客」以降の道筋を構築する必要があるのです。

▶ 図7-9　郵送DMを成功させる秘訣

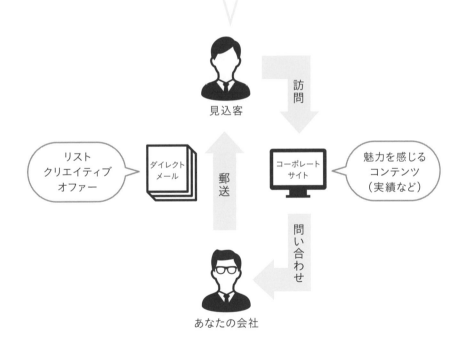

郵送DMで反応しやすい見込客の特徴

1　商品の担当部署が明確である

2　担当者の悩みや課題を想像できる

3　発注先をチェンジするのが容易

見込客

訪問

リスト
クリエイティブ
オファー

ダイレクト
メール

郵送

コーポレート
サイト

魅力を感じる
コンテンツ
（実績など）

問い合わせ

あなたの会社

▶ 図7-10 **郵送DM成功事例**

1 事例Ⓐ

A5判
12ページ

反応率 **0.9%**

対象企業	上場企業 約1,700社 ※関東圏に本社がある企業に限定
送付部署	広報・IR部
商品	株主通信（事業報告書）
問い合わせ件数	15件
成功の ポイント	A5判という小冊子の形状で、株主・投資家に伝わりやすいコンテンツの例を紹介。堅苦しいIRのイメージを刷新するため、イラストを用いてやわらかい印象に。発注額が高額となるIRコンサル会社と比較し、発注先の再検討を促した。

2 事例Ⓑ

A4判
40ページ

反応率 **0.7%**

対象企業	社員数100～300人の中小・中堅企業 約2,500社
送付部署	代表取締役社長
商品	会社案内、営業カタログ
問い合わせ件数	17件
成功の ポイント	社員数が少ない中小・中堅企業の場合、社長がダイレクトメールを読む可能性は高い。高齢の社長でも読みやすい大きな文字を使い、A4判40ページもの冊子を送付。存在感が際立ち、商談でも優位に。多くの成約を獲得した。

3 事例Ⓒ

A4判　　　　　A4判
両面4枚　　　16ページ

反応率 **0.9%**

対象企業	中堅・上場企業 約4,500社
送付部署	経営企画部
商品	広報誌、リクルート案内、Webサイト、統合報告書およびニュースレターの定期購読
問い合わせ件数	42件
成功の ポイント	各商品を紹介する4枚のチラシに、それぞれのオファーを掲載するとともに、当社の信頼性を高めるA4判16ページのニュースレターを同封。リストの獲得を最優先させるため、このニュースレターの無料定期購読を促した。

Chapter 8

専門家として商談にのぞむ
「ノウハウブック」

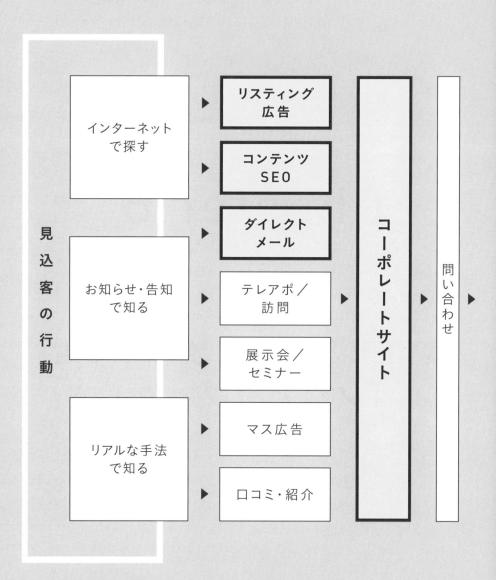

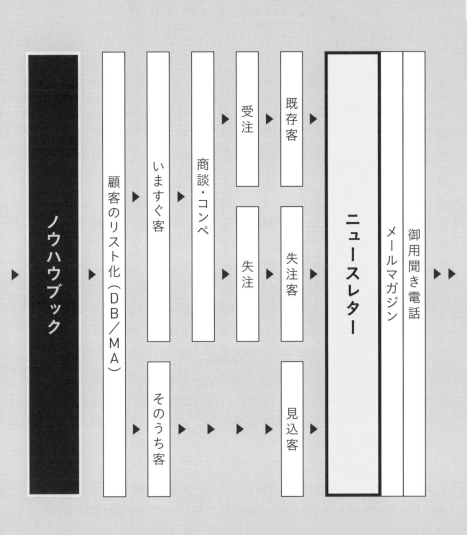

ノウハウブック ▶ 顧客のリスト化（DB/MA）

いますぐ客 ▶ 商談・コンペ ▶ 受注 ▶ 既存客 ▶

商談・コンペ ▶ 失注 ▶ 失注客 ▶

そのうち客 ▶ ▶ ▶ ▶ 見込客 ▶

ニュースレター

メールマガジン

御用聞き電話 ▶▶

01 商品カタログや 会社案内は商談後、 すぐにゴミ箱行き

☐ 見込客が "得" するコンテンツで、感謝される存在に

　ノウハウブックとは、会社が扱う商品ごとに、見込客にとって役立つ情報を掲載した冊子を指します。オウンドメディアの記事を、商品やテーマに沿って編集し直したものと考えても差支えありません。見込客の悩みや困りごとを共有し、解決にむけたヒントやノウハウ、商品導入のメリット、導入企業の成功事例、最新トレンド、発注先選びの基準など、お役立ち情報を伝えます。そのため、自社の製品・サービスに関する機能や、他社にない特長・強みなど、売り込むための情報は最小限にとどめます。

　関心のない商品を売ろうとするセールスマンから、商品カタログや会社案内をもらった経験がある人は多いと思います。商談後、それはゴミ箱行きになったのではないでしょうか。売り手の都合でつくったパンフレットは、買う気になったとき以外、見込客にとって迷惑な存在です。一方、ノウハウブックは似て非なるもの。見込客にとって得するトピックを中心に編集するので、むしろ感謝される存在になります。結果として、見込客の手元での滞在期間が長くなり、会社との接点をもつ機会につながります。

　ノウハウブックの使いみちは、さまざまです。リスティング広告から誘導したランディングページのオファーとして、あるいは、コーポレートサイトの問い合わせに対して送付する資料としても活用できます。さらに、ダイレクトメールとして郵送、展示会やセミナーで配布することもできます。インターネット上での情報提供と異なり、幅広い接点で活用することが可能。これら見込客とのファーストコンタクトにおいて、満足度向上が期待できるのはもちろん、その後の商談を有利に進められます。完成度の高いノウハウブックは、ひと言でいうと "優秀なセールスマン"。見込客が自然に読み進めていくうちに、あなたの会社への愛着が深まります。

▶ 図8-1 | ノウハウブックと商品カタログのちがい

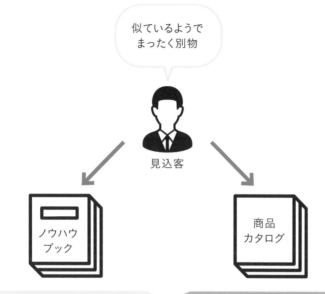

似ているようで
まったく別物

見込客

ノウハウ
ブック

商品
カタログ

"買い手"が知りたい情報
=
見込客の役に立つ

- 見込客の悩みや困りごと
- 解決にむけたヒントやノウハウ
- 商品を導入するメリット
- 導入企業の成功事例
- 最新のトレンド
- 発注先選びで失敗しないコツ
        など

"売り手"が言いたい情報
=
見込客の役に立たない

- すべての商品の紹介
- 会社のプロフィール
        など

すぐにゴミ箱行き

02 1つの商品につき1冊で その商品の専門家に

十分な情報量と内容・表現に配慮し、ブランドを訴求

　ノウハウブックは、1つの商品で1冊が基本です。さらに、見込客のすそ野が広い場合、業界や課題ごとにつくるのも効果的です。ターゲットを絞るのは、「専門家」と位置づけることが目的。見込客に「自分のことを理解してくれている」と感じさせることは、関係性の構築に寄与します。

　制作には、①ボリューム ②コンテンツ ③デザイン に配慮します。まず、①ボリュームですが、読者に専門家と思わせるには、十分な情報量が必須です。最低16ページ以上にしましょう。サイズは、ビジネス文書と統一するならA4、小冊子の形状であればB5かA5がおすすめです。次に、②コンテンツは、前述したように、"買い手"が知りたい情報を中心に掲載します。最後に、重要なのは③デザイン。優れたコンテンツでも、表現の仕方が良くないと、印象は台無しです。「さすがは、この道のプロフェッショナルだ」と思ってもらえるよう、妥協せず表現しましょう。特に、高額な商品や先進的な商品は、ノウハウブックにもセンスが問われます。図版を使う、カメラマンに撮影を依頼するほか、紙質や製本・加工にもこだわり、ブランドを訴求してください。その投資は、必ず売上に比例します。

　「売れるかわからないのに、高額な投資には抵抗がある」、そんなときは簡易なノウハウブックを内製化し、反響があればお金をかけてつくる方法もあります。筆者の会社で扱う商品に、創業○○年などの節目に制作する「社史」がありますが、当初はどれくらいのニーズがあるか不明でした。そこで、まずはA4判4ページを簡易的に制作。反響があってからは、B5判32ページ、箔押し加工・ハードカバーの本にしました。単価は1,400円とまあまあの投資ですが、リスティング広告の反応が良く、1案件の売上が数百万円と高額のため、それに見合う価値の提供に成功しています。

▸ 図8-2　　専門家として位置づける3つのポイント

私のことを、
よく理解してくれている！

見込客

1つの商品で
1冊が基本

ノウハウ
ブック

業界や課題ごとに
つくるのも効果的

ボリューム	コンテンツ	デザイン
十分な情報量	**"買い手"が 知りたい情報**	**ブランドを訴求**
● 16ページ以上		● 図版やイラスト、 写真撮影
● A4判かB5・A5判		● 紙質や製本・加工

ブランドを訴求し、「専門家」として位置づける

03 PDFやパワポではなく 印刷物が効果的な理由

☐ 見込客が感じる「価値」を高め、使い勝手のいい媒体

環境負荷軽減にむけ、大企業を中心にペーパーレス化が進み、ビジネスシーンでは印刷物が敬遠される傾向にあります。たしかに、資料を電子化すれば、紙の保管スペースがいらないし、データを検索しやすいのも事実。実際、マーケティングにおいても、Web サイト上に PDF やパワポのデータをアップしておき、見込客にダウンロードしてもらう方法が主流になっています。印刷コストもかからず、変更点はその都度、データ更新すれば簡単。いいことばかりに見えますが、ここには落とし穴があります。

通常、B2B で見込客に役立つノウハウブックを編集しようとすれば、少なくとも 10 ページ以上、多いと 50 ページを超えることもあります。2 〜 3 ページなら PC の画面上で閲覧するかもしれませんが、通常はダウンロードしたデータをプリントアウトして読むでしょう。まして、製本しなければ読みづらいデータの場合は、非常に手間がかかります。

それ以上に問題なのは、PDF データは「価値」を感じにくいということ。まったく同じ情報でも、デザインや紙質、加工にこだわることのできる印刷物にすれば、見込客の感じる価値は大きく向上します。例えば、Web サイトや PDF の情報は、PC の画面上でしか再現できません。特にノート PC は画面も小さく、一度に表現できる情報量が限られます。一方、印刷物なら大きさやページ数も自由。両観音開きにすれば、広い誌面で大胆に表現できるため、一覧性が向上します。ジャバラ折やマジック折など加工に工夫すれば、手に取った見込客の興味を誘うこともできます。

B2B では上司や決裁者にも閲覧してもらう必要が発生するはず。こんなときも、印刷物のほうが効果を発揮します。実体のある印刷物をつくる意味はここにあります。

▶ 図 8-3 | 価値を感じるのは電子データよりも印刷物

印刷物  VS 電子データ

- デザインや表現が自由
- 紙質や加工にこだわり
- 「価値」を感じやすい
- コストがかかる

- PC画面だと読みづらい
- プリントアウトや製本が面倒
- 「価値」を感じにくい
- コストがかからない

印刷物は使い勝手がいい媒体

読みやすいし、
価値を感じる

上司や決裁者にも
読んでもらおう

見込客

| 問い合わせ時のオファーとして送付 | ダイレクトメールとして郵送 | 展示会やセミナーで配布 | 商談の際に手渡す |

あなたの会社

04 掲載するコンテンツは「お役立ち情報」に限定する

有用な情報を無料で差し出す"ボランタリー"が基本

　ここでは、ノウハウブックに掲載する内容について解説します。結論からいうと、コンテンツは「お役立ち情報」に限定すること。会社や商品についての記載は、最低限にとどめましょう。ファーストコンタクトでの見込客は、「信頼できる会社なのか」「商品を売りつけられないか」と、疑心暗鬼のケースがほとんどです。そのため、売り手と買い手ではなく、フラットな関係でスタートするほうが商談の可能性が高まるからです。ページ構成は、お役立ち情報を中心に組み立てます。自社と顧客企業を合わせて、合計100冊以上のノウハウブックをつくってきた経験からいうと、見込客に共感してもらうパターンが存在し、5つの展開フローで構成されます。

　最初のフローは、見込客の悩みや課題にふれ、具体的な状況をあぶり出すこと。「私の悩みがよくわかっている」と、読者の共感を獲得します。2つ目は、商品まわりの一般的な情報です。業界知識や全体像に加えて、動きや最新トレンドなど、「専門家」として信頼できる立場であることを伝えます。3つ目は、最もボリュームが大きく、商品購入にあたってのヒント・アイデア・ノウハウなどを展開する部分。培ってきた実績や経験、あるいは識者の知見から解決策を伝えます。「お客様の声」を掲載するのも効果的です。4つ目は、商品を導入する際の、サプライヤーの選び方について。競合会社とのちがいを、明確に打ち出します。最後のフローでは、会社の強みや特長を伝え、必要に応じてオファーを用意します。

　共感を得るコツは、"マネタリー"ではなく"ボランタリー"。自社が発行するノウハウブックだからといって、商品を売り込もうとすれば、まず共感は得られません。悩みや課題に共感し、見込客にとって有用なコンテンツを無料で差し出すからこそ、信頼を得ることができるのです。

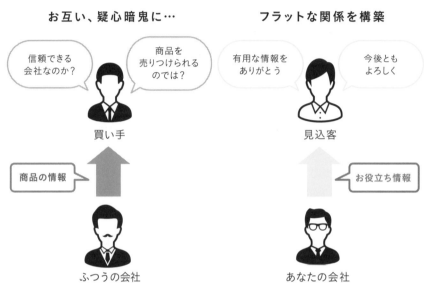

お互い、疑心暗鬼に…

信頼できる会社なのか？

商品を売りつけられるのでは？

買い手

商品の情報

ふつうの会社

フラットな関係を構築

有用な情報をありがとう

今後ともよろしく

見込客

お役立ち情報

あなたの会社

成功するノウハウブック「構成のフロー」

1 見込客の悩みや課題に共感 ➡ 2 商品まわりの一般的な情報 ➡ 3 解決のヒント・アイデア・ノウハウ ➡ 4 導入時のサプライヤーの選び方 ➡ 5 あなたの会社の強みや特長 ➡ 商談機会の創出

05 コンテンツを Webサイトにアップ すれば2倍の効果

☐ コンテンツの再掲・流用でメディアミックスをねらう

　ノウハウブックの作成にあたって編集したコンテンツは、コーポレートサイトやオウンドメディアにも再掲すると効果的です。印刷物を目にする機会は限られますが、インターネットなら多数のアクセスが期待できるからです。見込客との接点は、どこで生まれるかわかりません。できるだけ受け皿を広くもつことが重要です。コーポレートサイトに流用するときは、製品・サービス情報のページに掲載します。ノウハウブックの全ページを掲載してもいいし、エッセンスだけを簡潔に要約しても構いません。ただし、商品に興味をもったユーザーに足跡を残してもらえるよう、問い合わせのオファーとしてノウハウブックを前面に打ち出しましょう。

　オウンドメディアはノウハウブックとの親和性が高く、コンテンツを流用しやすい媒体です。まず、ノウハウブックの中から、見込客に訴求したいコンテンツを選択。SEOで上位表示するため、タイトルや見出しなど強調する言葉のタグ内に、検索キーワードを挿入して記事を作成します。Webサイトは可読性に配慮する必要があるので、改行や段落など、読みやすくするルールに従ってテキストを編集します。また、PCやスマホで読む最適の長さに合わせ、長文の場合は複数に分割して発信しましょう。記事に合う写真を探し、変化をつけるのも効果的です。さらに、裏技として、プレスリリースがあります。「○○○のノウハウをまとめた小冊子を、希望者に無料で配布します」と打ち出し、見込客リストを手に入れる方法です。リリース代行会社も多く、1本2〜3万円で手軽に配信できます。

　ノウハウブックのために、せっかく苦労して作成したコンテンツ。印刷物だけ、インターネットだけと考えず、"メディアミックス"で見込客との接点の最大化に努めましょう。

▶ 図8-5

**見込客の"受け皿"を広くする
メディアミックス**

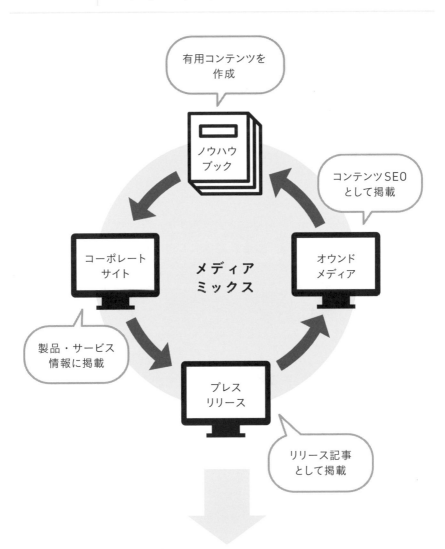

コンテンツの再掲・流用で接点を増やす

専門家として商談にのぞむ「ノウハウブック」

最も見込客の「返報性」を期待できるパーツ

　昨今、お役立ち情報や導入事例などを掲載した「ホワイトペーパー」と呼ばれる PDF データをダウンロードしてもらう方法が主流です。しかし、筆者があえてホワイトペーパーではなくノウハウブックと呼ぶ理由は、8-3で述べたように印刷物の優位性と、豊富な内容を掲載するには一定量のページ数が必要なことを、強くアピールしたいからです。

　ロバート・B・チャルディーニ著『影響力の武器』によれば、心理学的な側面から見込客に行動してもらう方法として、6つのパターンが存在するとあります。この1つが「返報性」。「受けた恩は、返したくなる」という人間の習性で、B2B マーケティングでは、見込客は「役立つ情報を教えてくれた会社に、発注したくなる」ことを意味します。

　「販促の設計図」の6パーツは、すべてこの考えに基づいています。そして、最も「返報性」を期待できるパーツは、1冊の印刷物で見込客が知りたい情報をすべて網羅できるノウハウブックです。取引したい企業の担当者にとって、課題解決のヒントや役立つノウハウが手に入るだけではありません。筆者がつくったノウハウブックのコンテンツを、上司へのプレゼンテーション資料や社内の稟議書に流用していた担当者も少なくありませんでした。その場合、発注先に選定される確率はきわめて大きくなります。

　大事なことなので改めて強調しますが、ノウハウブックは、すぐに捨てられる可能性が高い商品カタログとはまったく異なります。あくまで"買い手"の立場で、その悩みや課題に寄り添い、専門家としてソリューションのヒントや導入のコツ、他のお客様の成功事例、商品の選び方など役立つ情報を掲載します。見込客の心理や行動を理解してコンテンツを考え、企画・編集することがポイントです。

☐ 売り手都合の商品カタログとは似て非なるもの

☐ 買い手の見込客が知りたくて、役立つ情報を掲載

☐ 問い合わせ対応、展示会で配布など用途はさまざま

☐ 1つの商品につき1冊つくり、専門家と位置づける

☐ PDFよりも、実体のある印刷物のほうが価値を感じる

☐ 最初に、読者の悩みや課題を明文化して共感を得る

☐ 解決のヒント・アイデア・ノウハウを具体的に提示する

☐ 競合とのちがいをふまえ、自社の強みと特長を訴求

☐ 共感を得るコツは"マネタリー"ではなく"ボランタリー"

☐ 作成したコンテンツは流用し、メディアミックスをねらう

☐ 実績のない新規市場への参入でも、効力を発揮

実績がない商品でも、見込客との信頼構築を可能に

ある市場に新規参入するとき、大きな威力を発揮

　企業の広告・広報に関わる部署に対し、印刷物・Web・映像の企画・提案をする制作会社において、実績のない商品を扱い、商品数を増やすための秘訣とは何でしょうか。その一つはノウハウブックです。

　上場企業が株主にむけて発行する「株主通信」と、企業が新卒採用で大学生に配布する「入社案内」が売りたい商品だとします。前者は、上場企業のコーポレートサイトにアクセスし、問い合わせ欄からフォーム DM を送信。後者は、大手就活サイトからメールアドレスを収集して、人事部あてにメール DM を送信する。ゲリラ的なマーケティングに反応が見込める最大の理由は、オファーとして用意するノウハウブックです。上場企業には「株主通信のヒント集」、人事部には「採用広告の成功法則集」というA5判16ページの小冊子を制作。ダイレクトメールの文中に「無料でお届けします」とオファーを入れると、多くの反応を得られるわけです。

　このポイントは、「過去に実績のない商品でも、ノウハウブックがあれば見込客と信頼構築できる」こと。つまり、ある市場（商品）に新規参入するとき、大きな威力を発揮します。実績がないという致命的な欠点は、ノウハウブックが十分に補ってくれますので、過去に手がけたことのない、新たな市場に次々と参入することができます。

　つくり方のコツは、情報収集とその整理にあります。まず、インターネットや関連書籍、専門家へのヒアリングにより情報を集め、1枚のマインドマップに集約します。ここから、見込客に関心があり、役立ちそうなコンテンツを選んで、原稿を作成します。これまで、多くは16ページ以上、過去には72ページの小冊子を制作したこともあります。

▶ 図 8 - 6 | **ノウハウブックのたしかな効果と
おすすめのつくり方**

新規市場に参入するとき威力を発揮

ノウハウ
ブック

さすが専門家だ
話を聞いてみよう

商品Aの見込客

商品Aの実績はない
きっと相手にして
もらえないだろう…

信頼 提案

商品Aの市場に
参入したい
ノウハウブックを
送ってみよう！

ふつうの会社   あなたの会社

ノウハウブックのつくり方

インターネット	関連書籍	専門家へのヒアリング

マインドマップに集約

コンテンツを選び原稿を作成

ノウハウブックの完成

▶ 図8-7　ノウハウブック成功事例

1 事例Ⓐ

A5判
44ページ

テーマ：**社内報**

対象企業	社員数300人以上の中堅・大企業
対象部署	広報部/人事総務部
タイトル	社内報の創刊&改訂ハンドブック
成功の ポイント	イラスト・図版をふんだんに盛り込んだこと、漫画をおまけに付けたことで、若手担当者の興味を惹くことができた。社内報の立ち上げ方法、企画立案のアイデア、改訂や業者変更の方法など、幅広いテーマを網羅している。

2 事例Ⓑ

A5判
72ページ

テーマ：**Webサイト**

対象企業	中小企業から大企業まであらゆる法人
対象部署	広報部/経営企画部
タイトル	知っ得！Web用語集　いますぐ攻略22のキーワード
成功の ポイント	Web担当者にとって、専門用語を理解するのはひと苦労。そこで1見開きごとに、知っておくべき用語を解説した。定期的に行われるWebサイトのリニューアルの際、役立つ知識をひととおり理解できる。

3 事例Ⓒ

A5判
40ページ

テーマ：**統合報告書**

対象企業	上場企業
対象部署	IR部/経営企画部
タイトル	初めての統合報告書
成功の ポイント	統合報告書とは、財務情報に加え、環境・社会・ガバナンスなど非財務情報を投資家に伝える冊子のこと。非常にニッチな商品で、扱っている制作会社は多くない。ESGやCSR、SDGsに関する情報を、インターネットや専門書籍から収集し、小冊子にまとめた。ダイレクトメールでの反響は1.0%と上々。リスティング広告のオファーとして、さらに、既存顧客への提案ツールとしても機能している。

Chapter 9

人間関係の維持に役立つ
「ニュースレター」

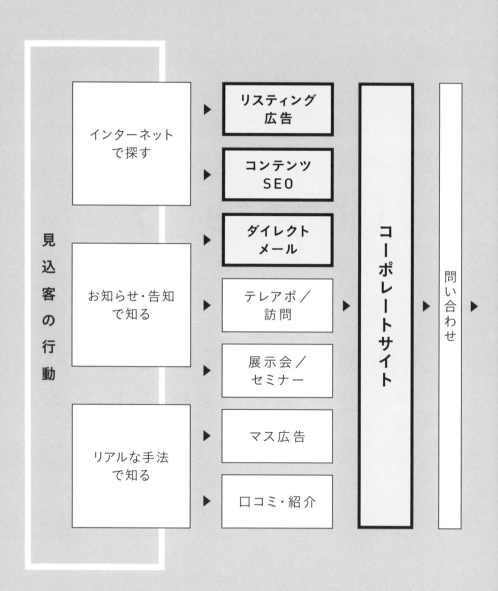

見込客の行動

インターネット
で探す

→ リスティング
広告

→ コンテンツ
SEO

お知らせ・告知
で知る

→ ダイレクト
メール

→ テレアポ／
訪問

→ 展示会／
セミナー

リアルな手法
で知る

→ マス広告

→ 口コミ・紹介

→ コーポレートサイト → 問い合わせ →

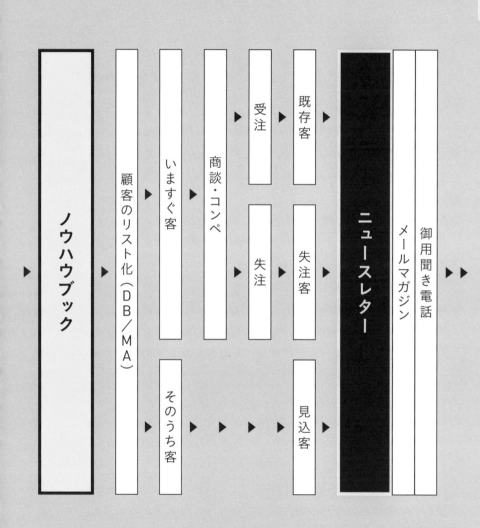

ノウハウブック ▶ 顧客のリスト化（DB／MA） ▶

いますぐ客 ▶ 商談・コンペ ▶ 受注 ▶ 既存客 ▶

失注 ▶ 失注客 ▶

そのうち客 ▶ ▶ ▶ ▶ 見込客 ▶

ニュースレター

メールマガジン

御用聞き電話 ▶▶

01 紙のニュースレターと Webのメールマガジン

「そのうち客」や「失注客」との取引機会を生み出す

集客に成功し、商談にのぞんでも、すべて成約できるわけではありません。「そのうち客」や「失注客」を、そのまま放置しておくことは、将来の売上機会を損ないます。そこで、見込客とのつながりを維持するツールが必要です。定期的に情報を配信するもので、印刷物がニュースレター（広報誌）、インターネットを使う方法がメールマガジンです。ともに、企画・制作の方向性は同様ですが、それぞれ一長一短があります。

ニュースレターは、いわば"紙のオウンドメディア"。見込客の悩みや課題に共感し、お役立ち情報を提供することは同じですが、オウンドメディアとのちがいは、PUSH型媒体であること。見込客に対して能動的かつ積極的にリーチでき、印刷物という存在感を活かし、価値を感じてもらいやすい利点があります。たとえ「失注客」であっても、大いに逆転のチャンスが生まれます。通常、ニュースレターは郵送するものですが、顧客に手渡すことで、企業ブランドを感じてもらうことも可能。さらに、社員のモチベーション向上にも寄与します。制作・印刷・発送のコストはかかるものの、コンテンツや表現さえ工夫すれば、非常に効果的なツールです。

一方、メールマガジンはインターネットが社会に浸透してから、B2Bでも一般的になりました。筆者も頻繁に受け取るのでよくわかりますが、正直、読者に好感をもたれにくい媒体です。無料で何度でも送信できるため、活用しない手はありませんが、読んでもらうには工夫が必要です。受信側の設定状況にもよりますが、1つは画像を載せるなど、表現の工夫。もう1つは、魅力あるコンテンツです。見込客が共感でき、自社の課題解決にむけ役立つ情報なら、必ず目を通します。メールはテキストの量が限られるため、オウンドメディアの記事に誘導する方法をおすすめします。

▶ 図9-1　　ニュースレターとメールマガジンのちがい

	ニュースレター	メールマガジン
目　的	お役立ち情報を定期的に提供し、新たな商談機会を獲得する	
強　み	PUSH型で、能動的かつ積極的に見込客へアプローチできる	
媒　体	印刷物（実体あり）	電子メール（実体なし）
コスト	必要 （制作・印刷・郵送コスト）	無料 （何社でも、何通でも、何回でも）
メリット	• 存在感がありブランドを感じやすい • 表現や内容の自由度が高い • 社員のモチベーションも向上	• コストが一切かからない • 一気に大量に配信できる
デメリット	編集や制作に手間と時間がかかる	読者に好感をもたれにくい

02 関係維持とクロスセル 御用聞きを自動化する

☐ 働き方改革で敬遠されがちな「訪問営業」の救世主

　かつて、「御用聞き営業」という言葉がありました。これは、一種の訪問販売のようなもので、得意先や買ってくれそうな客先を定期的にまわり、受注を得るという営業方法。供給よりも需要が大きい成長期には重宝されたようです。実際、今でも御用聞きが義務の会社は少なくありません。ところが、見込客の立場からすると、180度見方が変わります。

　昨今、ムダな残業が敬遠されるようになりましたが、これは、購買に関わる担当者の行動の変化を意味します。たしかに、発注先を決める商談は重要ですが、ムダな商談は排除する傾向にあります。このため、よほど大きなメリットがない限り、なかなか会ってもらえないというケースが増えているのです。つまり、訪問・電話など、相手の時間を奪う営業手法を、抜本的に見直す時期が来ていると思います。これに対し、ニュースレターなら、お客様のストレスはかかりません。特に、まだ取引実績のない見込客に対しては、強引な営業よりも定期的にニュースレターを郵送しつつ、メールでフォローするくらいのほうが好感をもたれます。

　また、すでに取引のある既存客に対しても、ニュースレターは効力を発揮します。例えば、アップセルやクロスセル。前者は、以前より高額な上位モデルを販売すること。後者は、他の商品を追加で販売することを指します。ニュースレターを提供するのは、すでに何らかの接点があったお客様ですので、販売したい商品の情報を強くアピールしても構いません。同じカテゴリでもっと高額な商品、あるいは担当者が扱う別カテゴリの商品。さらに、他部署やグループ会社が求める商品情報を掲載し、紹介や口コミを期待する"図々しさ"があっても構わないと思います。御用聞きの自動化で、お互いにストレスなく、新たな商談を生み出してください。

▶ 図9-2 　　見込客・既存客と信頼関係を築く
　　　　　　　新たな"御用聞き"

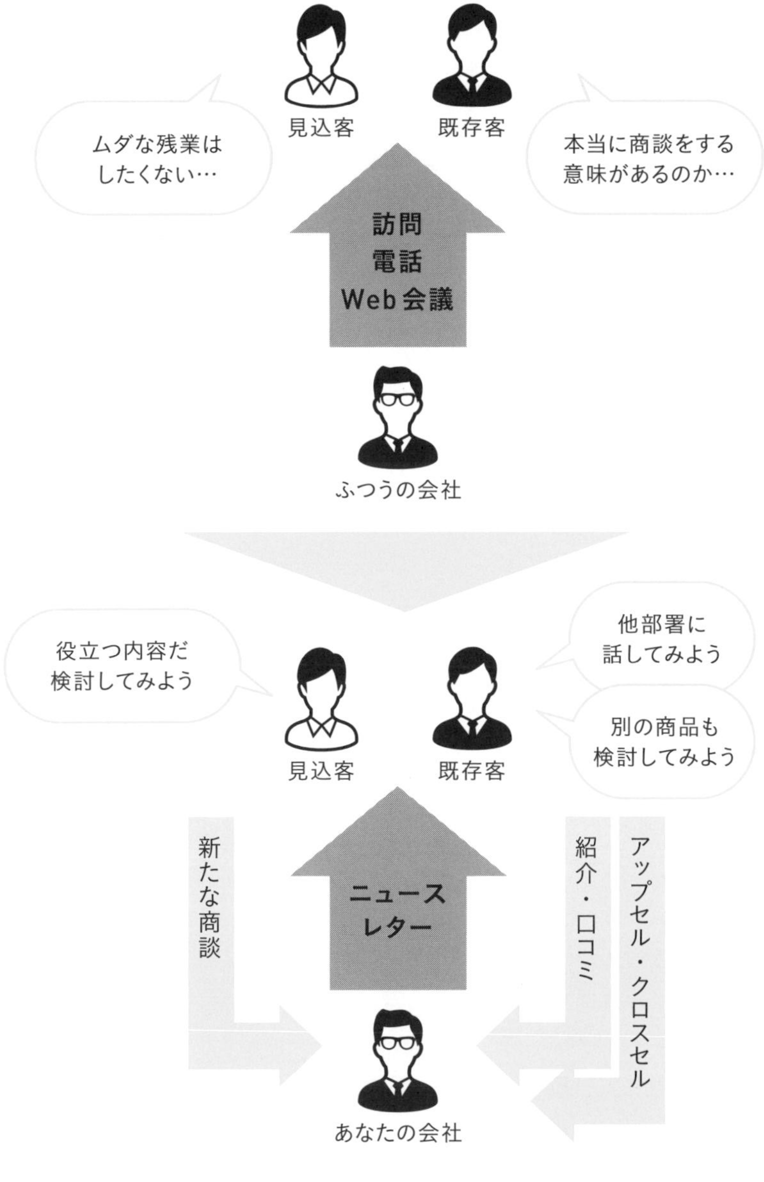

ムダな残業は
したくない…

見込客　　　既存客

本当に商談をする
意味があるのか…

訪問
電話
Web会議

ふつうの会社

役立つ内容だ
検討してみよう

他部署に
話してみよう

別の商品も
検討してみよう

見込客　　　既存客

新たな商談

ニュース
レター

紹介・口コミ

アップセル・クロスセル

あなたの会社

03 お役立ち情報を中心に 商談のきっかけづくりを

特集企画と連載企画でメリハリをつけ、定期的に発行

　競合が増え、お客様との接点を生み出すためには、"専門家"や"業界リーダー"として位置づけられるかが分岐点。そのため、ニュースレターのようなメディアをもつことは、大きなアドバンテージにつながります。発行の目的は、見込客・既存客を問わず、新たな商談機会を得ること。コンテンツは、商談のきっかけとなるトピックを中心に構成します。また、ノウハウブックとは異なり、ニュースレターはすでに接点のあるお客様が対象なので、多少の売り込み情報を掲載しても大丈夫です。

　コンテンツの中心は、やはり「お役立ち情報」です。悩みや課題の解決策となるアイデアだけでなく、より専門性・プロ意識を感じさせる記事を提供します。例えば、木材加工メーカーなら国産材と輸入材のちがい、勤怠管理のソフトベンダーなら働き方改革のトレンドなど、深い視点で語ります。大学教授や著名人、業界の権威に登場してもらうのも効果的。チェックシートや簡易診断、クイズなど、インタラクティブな企画も読者の反応を高めます。さらに、お客様インタビューやプロジェクト紹介など、説得力のある読み物も掲載したいものです。また、遊び心のある会社なら、話題性のあるトレンドやビジネスに役立つ情報を、コラムとして掲載するケースもあります。最近なら、東京オリンピック、在宅ワークなどのテーマ。クールビズやハラスメントなどの切り口も、読者の関心を集めそうです。

　B2B のニュースレターは、年2〜6回くらいの定期発行を基本とし、12〜32 ページがボリュームゾーン。一般的には、「特集企画」と「連載企画」で構成します。重要な記事と気楽に読める記事のメリハリをつけ、バランスよくページ構成を考えます。これは雑誌やフリーペーパーと同様、読者を飽きさせず、しかも次号へ期待させる意味もあります。

▶ 図9-3　　ニュースレターの主なコンテンツと構成

ニュースレター

あなたの会社

"専門家""業界リーダー"に位置づけ
競合他社と比べて大きなアドバンテージに

お役立ち情報

悩みや課題に対する 解決策のヒント・アイデア	専門性とプロ意識を 感じさせる記事
チェックシートや簡易診断など インタラクティブな企画	お客様インタビューや プロジェクト紹介

トレンド情報

話題性のある 旬のニュース	ビジネスに役立つ トピック

ページ構成

特集企画　　連載企画

04 全社横断的な編集チームでブランド向上をねらう

☐ 協力会社に支援を仰ぎ、コンテンツを効率的に編集

　次に、ニュースレターが完成するまでの流れを見ていきましょう。ニュースレターはノウハウブックとは異なり、1つの商品に対して1冊というわけにはいきません。想定した法人顧客のセグメントに対し、複数の商品に関する情報を提供することになります。そのため、営業戦略に従って、どの商品にフォーカスするかを検討。決定した商品群の担当部門から編集部員を選定し、編集長を中心としたチームをつくります。ニュースレターは、企業の"顔"となり、幅広いステークホルダが目にする媒体。そのため、デザインや原稿作成を担う、外部の協力会社の支援を仰ぐケースがほとんどです。できれば、協力会社にはキックオフの段階から編集チームの一員として、ミーティングに参加してもらうほうが品質向上につながります。ここでは発行目的、おおまかな掲載内容、役割分担を協議します。

　つづいて、企画編集会議を行います。具体的なページ数、記事の内容、取材・撮影の有無、内製と外注の分担など、詳細を決定します。発行回数が多い場合は、1年分の年間企画会議を行うこともあります。

　ここからは実制作に入ります。記事の目的や方針に従って、ライターによる取材・原稿作成、カメラマンによる撮影を行い、必要に応じて写真や図版などを用意します。識者や著名人に登場してもらう場合、協力会社で選定・依頼してもらいます。これらをレイアウトしていくのですが、誌面のデザインはコンテンツと同じくらい重要。協力会社の力量で大きく左右されます。通常、2〜3回の校正をやり取りし、校了したら、色校正といわれる刷り見本を確認して印刷工程へ。晴れて完成となります。

　ニュースレターの制作は、コンテンツが多様で、多くの人が関わるのが特徴です。編集長には強いリーダーシップが求められます。

▶ 図9-4 | **協力会社をふくむ編集チームによる
完成までのフロー**

**1
キックオフMTG**

- 編集長を中心に編集部員、協力会社でチームを編成
- 発行目的、掲載内容、役割分担を決定
- ニュースレターの全体像（イメージ）の共有

▼

**2
企画編集会議**

- ページ数、コンテンツ、取材の有無を検討
- 内製と外注を分担し、誰が何をいつまでに行うかを決定
- 発行回数が多い場合は、年間企画会議の実施も

▼

**3
コンテンツの作成**

- 社内または外部ライターによる取材、原稿作成
- 必要に応じて、識者や著名人へのインタビュー手配
- カメラマンによる撮影をふくめ、写真や図版などの収集

▼

**4
レイアウト・デザイン**

- 協力会社のデザイナーによる誌面のレイアウト
- 修正や要望の反映ほか、校正および関連各所への確認
- 校了後、データを印刷会社へ入稿

▼

**5
印刷・納品**

- 本番の印刷前に、色校正刷りをチェック
- 印刷、製本、加工などパンフレットとして完成
- 本社や発送会社など指定箇所に納品

05 メールマガジンから、見込客の行動を把握するスキームとは

☐ 自社サイトへのリンクを挿入し、新たな商談を優位に

　メールマガジンは好感をもたれにくく、テキスト量が限られることは前に書きましたが、無料で何度でもまとめて配信できる便利な媒体です。ここでは、その効果的な活用法について述べたいと思います。

　インターネットから問い合わせした見込客は、MA を導入していれば自動的にリスト化され、その後の行動を把握できます。一方、展示会やセミナーで名刺交換した人や、第三者に紹介してもらった見込客は、特に何もしなければ、その行動を把握することができません。そのため、挨拶メールやメールマガジンを使って、接点を生み出す必要があります。例えば、挨拶メールの中に、その見込客が興味をもちそうな内容を想定し、コーポレートサイトやオウンドメディアへのリンクを挿入。メールマガジンも同様に、長文の記事を書くのではなく、オウンドメディアの記事へのリンクを複数設置し、読者が興味のあるトピックへスムーズに誘導します。このリンクをクリックすれば、今後、その見込客がいつ訪問し、どのページを閲覧したか、どんな資料をダウンロードしたかなど、行動を把握できるようになります。行動履歴を分析すれば、効率的な営業活動が可能になるというわけです。設定方法は、解析用の HTML タグを埋め込むだけ。商談の際、事前に行動履歴を知っておけば、その見込客がどんな商品・テーマに関心があるかがわかるので、円滑なコミュニケーションを図ることができます。

　以前、全社員が名刺交換した主要顧客のデータを、まとめて MA に登録したことがあります。現在は月2回メールマガジンを配信していますが、ずっと接点のなかったお客様から、新たな商談が発生することも少なくありません。昨今、メールマガジンは読まれにくくなっていますが、コンテンツの有用性を感じてもらえれば、十分に機能する媒体といえます。

▶ 図9-5 | メールマガジンを活用して
新たな見込客との接点をつくる

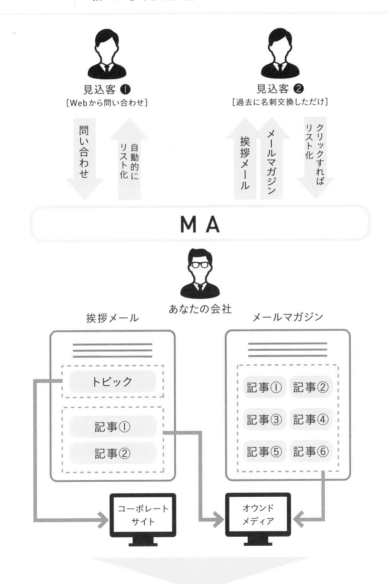

見込客 ❶
[Webから問い合わせ]

見込客 ❷
[過去に名刺交換しただけ]

問い合わせ

自動的にリスト化

挨拶メール

メールマガジン

クリックすればリスト化

MA

あなたの会社

挨拶メール

トピック

記事①

記事②

メールマガジン

記事① 記事②

記事③ 記事④

記事⑤ 記事⑥

コーポレートサイト

オウンドメディア

新たな見込客との商談機会が増加

人間関係の維持に役立つ 「ニュースレター」

☐ 効果測定はむずかしいが、中長期的にブランドを向上

　コストや手間がかかる上、成果を数値化しにくいため、ニュースレターを発行する企業は多くありません。むしろ、広報予算の削減から、発行を止める企業も増えていると聞きます。ただ、オウンドメディアを使ったコンテンツ SEO は典型的な PULL 型媒体で、訪問者を増やすのに高いハードルがあります。一方、ニュースレターは見込客・既存客を問わず、能動的かつ積極的にリーチできる PUSH 型媒体。年に数回、しかも自動的に顧客との接点を継続できるため、高い利用価値があります。

　売上につなげるには、読者にとって有益なコンテンツが必要だし、デザインにも配慮したいもの。一般的に、カジュアルな冊子は低額商品に、洗練された冊子は高額商品に向いていますが、あえてギャップのある表現で、意外性を演出する方法もあります。例えば、金融機関など堅い印象の企業がマンガを使う。中小企業が専門的で大胆な見解を示すなど、競合とは逆のスタンスで発行するのも効果的です。ただ、この方法は上手くやらないと失敗します。以前目にした大手旅行会社のニュースレターでは、親しみを演出しようと、社員の趣味や家族構成が、イラスト入りで紹介されていました。会ったことのない社員の情報など、無意味な演出は逆効果です。一方、あるハウスメーカーでは、既存客にニュースレターを送って口コミ・紹介を促すとともに、モデルハウスや営業所に来店した見込客に配布し、イメージアップにつなげています。B2C で高額商品を扱う場合も、価格に見合うブランド構築に威力を発揮します。

　即効性に欠け、効果測定がむずかしいニュースレターは後回しになりがちですが、中長期的な視野でみると、着実に売上増を後押しするパーツといえます。

☐ 「そのうち客」との新たな商談、「失注客」へのリベンジも

☐ 「既存客」へのクロスセルやアップセルにも有効

☐ ニュースレターとメルマガの併用で、商談機会を最大化

☐ コストはかかるが、PUSH型で確実にリーチできる

☐ 働き方改革に対して、御用聞き営業を仕組み化する

☐ お互いにまったくストレスなく、関係性を維持できる

☐ 読者とすでに接点があるため、売り込みをしてもOK

☐ 特集企画と連載企画で読者を飽きさせない工夫

☐ 企画編集会議を中心に、全社的なブランド向上を

☐ メルマガから自社サイトへ誘導し、顧客接点を取り戻す

☐ 中長期的な視点で、着実に企業ブランドの向上に寄与

年3〜4回の定期発行で、顧客満足度の向上へ

☐ 売上への即効性はないが、着実に価値を高める

　ニュースレターは、会社の成長とともに進化させることが重要です。例えば、A4判8ページからスタートしたニュースレターを5年後にA4判16ページに増やし、内容も大幅にリニューアル。発行当時の取引先は中小企業が中心で、気軽に相談しやすいカジュアルなものにしていても、実績も増えて大手企業や中堅企業が対象になると、読者にブランドを感じてもらえるデザインへと変更する必要があります。顧客企業の担当者が登場するプロジェクト紹介、毎号7ページにわたるマーケティングや組織強化などをテーマとした書き下ろしの特集記事を掲載する、などです。

　リスティング広告やダイレクトメールとちがい、ニュースレターは定量的な成果が図りにくい媒体です。発行する意味については①フォローアップ②クロスセル③メディアミックス の大きく3つを挙げることができます。

　①フォローアップは、御用聞きの自動化を指します。見込客との商談機会の創出と、既存客の満足度向上とリピートをストレスなく後押しします。これは営業がいなくても成り立つ組織づくりにも役立ちます。次に②クロスセル。既存客に対して別の商品を販売する、あるいは別の部門やグループ会社を紹介してくれるケースもあります。最後の③メディアミックスは、ニュースレターをつくる際に手に入れたコンテンツを、コーポレートサイトやオウンドメディアで流用すること。さらに、問い合わせ対応の際に同封、商談・提案時に手渡すなど、再利用します。特に「お客様の声」や「プロジェクト紹介」は、非常に効果的です。大手企業との取引実績が決め手となり、受注が決まったケースも数多く出てきます。ニュースレターは、手早く売上につながるような、即効性のある媒体ではありませんが、長い目で見ると着実に、あなたの会社のブランド向上に寄与します。

▶ 図 9-6   ニュースレター発行の成果

ニュースレター **3** つの定性的な成果

 フォローアップ

 クロスセル

 メディアミックス

	フォローアップ	クロスセル	メディアミックス
見込客	御用聞き [新たな商談機会の創出]	――――	コンテンツを別のシーンで活用 • オウンドメディアで流用 • コーポレートサイトで流用 • 問い合わせ時に郵送 • 商談・提案時に手渡す
既存客	御用聞き [満足度向上とリピート]	別の商品を追加で販売 別部門や グループ会社に販売	お客様の声 プロジェクト紹介

新規受注と
リピート
で売上増

別の商品の
販売
で売上増

圧倒的な
証拠と実績
で売上増

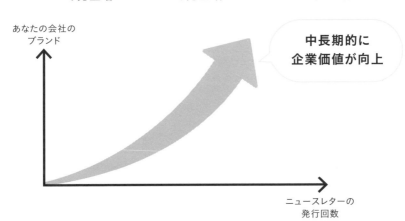

あなたの会社の
ブランド

中長期的に
企業価値が向上

ニュースレターの
発行回数

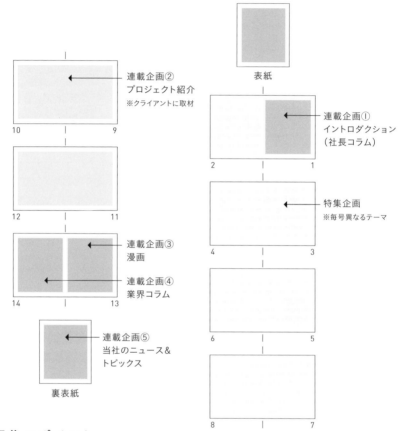

図9-7　広告・広報担当者向けニュースレターのページ構成

連載企画②
プロジェクト紹介
※クライアントに取材

表紙

連載企画①
イントロダクション
（社長コラム）

特集企画
※毎号異なるテーマ

連載企画③
漫画

連載企画④
業界コラム

連載企画⑤
当社のニュース＆
トピックス

裏表紙

編集のポイント

- 読者が安心して読めるよう、毎号のページ構成は変えない
- 写真、図版、漫画など、できるだけ直感的にわかる誌面づくりを心がける
- 特集企画は7ページ、連載企画は8ページとバランスよく構成
- 特集企画は毎号、テーマを変えるとともに、誌面のデザインにも変化をつけている。
  テーマは「B2B企業マーケティング」「Webの壁」「売れる！文章術」
  「企画の基本の"き"」「新卒採用の新ルール」などさまざま
- 連載企画②のプロジェクト紹介は、顧客企業の担当者とクリエイターの座談会。カメラマンを手配し、
  撮影を行っている。この記事はWebサイトにも流用し、毎回多くのページビューを獲得している
- 裏表紙の連載企画⑤は、当社の活動や出来事を紹介。社員の"顔"が見えるコーナーとして、
  主に既存客とのコミュニケーションに役立てる

Chapter 10

さあ、「販促の設計図」を
つくろう

01 あなたの会社に相応しい設計図をつくるためのヒント

☐ 6つのパーツをつくる「戦術」の前に「戦略」を

これまで、「販促の設計図」を構成するパーツについて解説してきました。これらの優先順位や投資額などは、会社の業種やビジネスモデル、顧客企業の属性により、じっくりと検討してください。ただし、6つのパーツはあくまでも「戦術」です。ここでは、戦術を決める前段階、経営層やリーダーが決定すべき「戦略」について、3つの観点から考えてみたいと思います。

1つ目は、「前例のないことへの挑戦」です。過去の成功への固執、社内外の人間関係から、これまでの方法を変えるのは簡単ではありません。しかし実際には、「なかなか新規の商談が生まれない」「展示会での優良な見込客が減った」など、市場の変化を目の当たりにしているのではないでしょうか。マーケティングはやってみなければわかりません。誰もやらないからこそ、成功すれば大きな果実が得られます。見込客の心理・行動から、独自の設計図を導き出してください。

次に、「セクショナリズムの撤廃」です。欧米とちがい、日本はマーケティングを軽視する傾向があります。実際、CMO*1を設置する企業に出会うことはめったにありません。そのため、全体像を把握する者が不在で、営業、広告宣伝、インターネット関連と、ばらばらに動いているのが実情です。1つの商品の責任者は1人を基本に、組織体制を検討します。

最後は、「優れた協力会社との出会い」です。Webマーケティングで顕著ですが、費用対効果を見定めることなく、月に1回のレポートを分析してもらうだけで、満足している企業も少なくありません。売上アップを支援してくれる外部パートナー選びは、「販促の設計図」づくりの重要なポイントです。

---

*1 Chief Marketing Officer の略。最高マーケティング責任者のこと

▶ 図 10-1 　「販促の設計図」づくりの前に、
たしかな戦略が必要

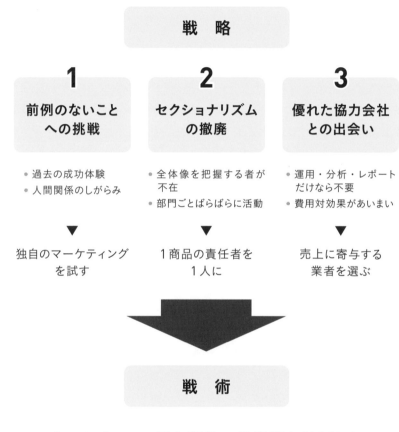

戦　略

1
前例のないこと
への挑戦

- 過去の成功体験
- 人間関係のしがらみ

▼

独自のマーケティング
を試す

2
セクショナリズム
の撤廃

- 全体像を把握する者が
不在
- 部門ごとばらばらに活動

▼

1商品の責任者を
1人に

3
優れた協力会社
との出会い

- 運用・分析・レポート
だけなら不要
- 費用対効果があいまい

▼

売上に寄与する
業者を選ぶ

戦　術

6つのパーツの優先順位・投資額などを決定

コーポレートサイト　　リスティング広告　　コンテンツSEO

ダイレクトメール　　ノウハウブック　　ニュースレター

02 試行錯誤しながら、年に1回は設計図を見直す

PDCAを回し、現状維持ではなく常に最高を追求

　マーケティング施策が"下り"のトレンドに入ったとき、それは改革のサインだと考えて間違いありません。あるコンサルティング会社では、年に100回ほどセミナーを開催し、集客していたそうです。ところが、競合が増えたこともあり、参加者は減少傾向に。「日程を増やせば、もっと参加者が増えるのではないか」という意見を退け、社長は人気のないセミナーを廃止し、開催日程を半分に減らしました。すると、コストが半減しただけでなく、1回当たりの参加者が増えて会場は活気を取り戻し、成約率が上がったそうです。つまり、現状維持を目標にするのではなく、常に最高を追求すること。販促の設計図も、定期的な見直しが必要です。

　筆者自身、予想していなかった「リスティング広告」で大当たりしたこともあれば、新聞広告で反応ゼロ、メールDMやFAXDMでは、怒られて撤退したこともあります。もともと12〜16ページだったノウハウブックは40ページ以上に。ダイレクトメールは年3回くらい発送していましたが、現在はターゲットを絞って年1〜2回と減らしたものの、0.7〜1.0%と高い反応率を維持しています。また、コーポレートサイトは2〜3年ごとに改訂や新設をくり返し、現在の形へと進化。プロのカメラマンに依頼し、写真のクオリティを高めたプロジェクト紹介は、見込客の関心を集めるコンテンツに育っています。これらは一部ですが、常に試行錯誤しながら、失敗したら撤退、成功したら投資のくり返し。よくある表現ですが、PDCAを回してフィードバックすることが大事です。

　マーケティングは"生もの"。社会や環境が変わると、新たな手法が登場します。試行錯誤しながら、年1回くらいのペースで設計図を見直すことをおすすめします。

▶ 図10-2 　定期的な見直しで
「販促の設計図」の品質を追求

現状で満足しないための質問リスト

Q1 もっと多くの企業に
売れないか？

Q2 もっと高い価格に
できないか？

Q3 もっと反応率を
高められないか？

Q4 もっと効率的な売り方は
ないか？

Q5 伝え方や表現を
変えてみてはどうか？

Q6 別のコンテンツを
追加してはどうか？

Q7 競合他社で成功している
会社はあるか？

Q8 他業種のやり方を
導入できないか？

Q9 見込客のペルソナは
変化していないか？

Q10 コストダウンすることは
できないか？

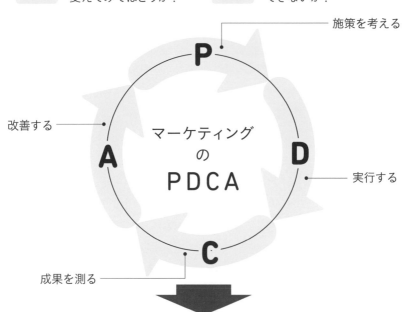

施策を考える

P

改善する

A　マーケティング
の
PDCA　D

実行する

成果を測る　C

失敗したら撤退、成功したら投資のくり返し

03 販促の設計図を活用し、会社の未来を描こう

下請をやめて営業を減らし、1人当たり粗利を高める

　最後に、「販促の設計図」の必要性について、改めて考えてみたいと思います。まず、「大企業だから儲かる、中小企業だから儲からない」といった思考は捨て去りましょう。仕事柄、上場企業の財務諸表を目にすることが多いのですが、ここで注目するKPI[*2]は、「1人当たり粗利（売上総利益）」です。中小企業がこれを高めなければならない理由は、1人当たり粗利が小さいと未来への投資は困難だし、従業員満足度も向上しないからです。たしかに、売上や営業利益も重要ですが、これらの絶対額では、企業の「規模」は見えても、「本質」は見えてきません。実際、立派に見える上場企業でも、「1人当たり粗利」が小さい会社はめずらしくありません。僕ら中小企業は、量ではなく質を追求すべきです。

　この考えを前提にすれば、どんな企業も、①粗利を大きくする ②固定費を小さくする ことでしか儲けることはできません。①に対しては、下請をしないこと。元請の立場になれば、売価をコントロールしやすくなります。②には、営業の人員削減が効果的。モノがあふれる昨今、マンパワーで売れる時代ではありません。人件費を減らすことで固定費を圧縮し、浮いた予算を「販促の設計図」づくりに投資するわけです。

　筆者の会社では2020年3月、約3,800社の上場企業に送付したダイレクトメールで、39社もの反応を獲得しました。どれほどのLTVになるか予測できませんが、一つだけ断言できることがあります。マーケティングほど面白いゲームはなく、努力の代償は必ず結果として現れます。会社の未来は、読者であるあなたの双肩にかかっています。独自の「販促の設計図」で、会社が大きく飛躍されることを願っています。

[*2]　Key Performance Indicator の略。重要業績評価指標のこと

▶ 図 10 - 3 　「販 促 の 設 計 図 」の 導 入 で 利 益 率 が
　　　　　　向 上 し 、企 業 価 値 が 高 まる

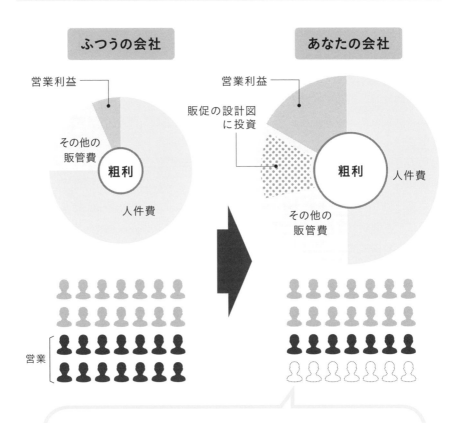

「販促の設計図」導入後の変化

1　「販促の設計図」で自動的に見込客が集まる仕組みに

2　下請から元請となり、売価をコントロールできるように

3　売上の増加にともない、粗利（売上総利益）も増加

4　営業の人件費を減らし、固定費が大きく減少

5　1人当たり粗利が増えたため、従業員の給与に還元

6　従業員満足度が高まり、営業利益も増加して企業価値が向上

おわりに

夢の実現にむけた1通のダイレクトメール
マーケティングは人生を変えることも

コロナウイルスの感染拡大にともない、安倍首相が緊急事態宣言を発令したのは、2020年4月7日のこと。ちょうど、本書の執筆を開始した直後でした。僕の会社でも、クラウドを活用した在宅ワーク、Web会議による商談・打合せなど、働き方が大きく変わりました。バブル崩壊やリーマンショック以上に深刻な不況ともいわれる、今回のコロナ感染騒動ですが、一方で"怪我の功名"というべきか、会社のあり方を再考する機会になったのも事実です。コロナ終息後の事業環境は、おそらく以前と同じ姿に戻ることはないでしょう。真剣に事業に取り組む経営者にとっては、むしろチャンスが広がると思います。

さて、処女作となる本書『新規顧客が勝手にあつまる販促の設計図』は、2019年のゴールデンウィークに構想が生まれました。つまり、1年数ヶ月を経て出版されたわけです。ところで、大企業の経営者でもなく、無名の中小企業経営者が、どうやって本を出版できたのでしょうか?

その答えは、1通のダイレクトメールにあります。

---

① 都内の大型書店に行き、ビジネス書を発行する出版社を調査してメモに記入（見込客のリスト化）
② 見込客（出版社の編集者）のペルソナを想像し、本のアイデアを企画書にまとめる（クリエイティブ）
③ 出版社50社に対して企画書を郵送（郵送DM、オファー）
④ 4社から反応があり、3社にアプローチ（コンバージョン、商談）
⑤ 3社のうち翔泳社との契約を結ぶ（成約）

「本を出版する」ことは、僕にとって15年来の夢でしたが、ダイレクトメールを発送しなければ、本書が誕生することはなかったと思います。マーケティングのスキルは、見込客を生み出すだけではなく、大袈裟にいえば、夢を実現し、人生を変えることにだって活用できるのです。

「販促の設計図」をつくる前に、広告の本質を理解しよう!
気をつけておきたい10のポイント

インターネットが一般消費者に普及し始めて25年以上が経ち、ネット通販の広がり、SNSの普及、PCだけでなくスマホやタブレットなど端末の増加により、日々手に入れる情報量は拡大の一途を辿っています。広告業界ではWebマーケティングが主戦場となり、顧客企業は何から手をつければいいのか戸惑うばかりです。そんな時代だからこそ、あえて立ち止まり、社内の現状や広告・制作物の発注先をふくめ、冷静に俯瞰してみてはいかがでしょうか。きっと、弱点や課題が見つかると思います。

この「おわりに」を書くにあたり、一冊の本を再読しました。

世界各国で広告事業を展開するオグルヴィ社の創設者、デイヴィッド・オグルヴィの名著『ある広告人の告白』(海と月社)です。広告づくりの発想法やノウハウ、広告業界の現状や課題だけでなく、クライアントのあり方にまで言及した不朽の名著です。同社はもともと、米国でB2Cの大企業を対象とする広告代理店のようですが、改めて読んでみると、本書でお伝えしたかったエッセンスと本質的に酷似しているように思えました。

そこで、同著作から僕が特に感化された箇所にちなんで、「販促の設計図」をつくる上で、気をつけてほしい10個のポイントをまとめてみました。

① 広告の目的は"売る"ことである

顧客を楽しませようとする広告がウケているようですが、本来の目的は、商品を売ること。奇抜でユニークな表現を求める、クリエイティブ業界をうならせる必要などはありません(広告大賞をめざす必要も)。

② 広告の目的は"売りつづける"ことである

たとえ顧客をあおる広告で商品を購入してもらっても、粗悪な商品は再び売れることはありません。また、担当者が「飽きた」からといって、成功した広告をわざわざ変更するのは愚の骨頂。僕の理想は、「タケモトピアノ」のテレビCM。放送から20年以上が経過しても、十分に効果が出ているようです。

③ 民主的なキャンペーンはたいてい失敗する

商品に関わるみんなの意見を聞き、それらをすべて反映しようとすると、エッジの利いた威力あるマーケティングはできません。

④ ノーリスクで、成果を得ることはない

　必ず成功するキャンペーンなど、世の中には存在しません。広い視野で可能性を探り、少ない予算から無理なくスタートし、失敗したときのために、次の手段を準備しておくことが大事です。

⑤ "ことば"を軽視してはいけない

　昨今、動画やマンガなどビジュアル表現にはこだわる割に、コンテンツを軽視する傾向があります。ビジュアルは、あくまで手段です。顧客が文章を読んでくれない理由は、売り手側の論理で書かれた退屈な文章だから。顧客の利益やメリットを言葉で約束すれば、必ず反応は高まります。

⑥ 成功する広告をつくるのは"技術"と"努力"

　発想力や斬新なアイデア、企画力や構想力が不要とは言いませんが、商品がどれだけ売れるかは、顧客と商品を知る技術と努力にかかっています。

⑦ 表現のちがいだけで売上は10倍も変わる

　似たような商品で、似たような品質・価格なのに、売れる会社と売れない会社があります。その差は、広告づくりとマーケティング手法にあります。

⑧ ある商品で成功すれば、他の商品も成功する

　販売に成功した実績やノウハウは、他の商品にも応用できるため、未来の売上が予測しやすくなります。これは、見えない会社の資産です。

⑨ 広告の内容を複雑にしてはいけない

　ひとつのキャンペーンに盛り込む情報量は、できるだけ簡潔にまとめます。一度に多くの内容を伝える、あるいは、対象者を広げすぎると焦点がぼやけ、顧客の感情に訴えにくく失敗の原因となります。

⑩ たしかな協力会社に絞って発注する

　発注先の協力会社に問題がある場合もありますが、発注の方法に問題があるケースも少なくありません。コーポレートサイトはA社に、SEO対策はB社に、リスティング広告はC社に、パンフレット類はD社に……。一見、リスク分散のようで、実は"売れないリスク"が発生します。全体像を描くことなく発注先を増やすと、費用対効果や優先順位など全体最適が図れません。

　そのため、当社では「販促の設計図」を用いたコンサルティングサービスを通じて、まずは全体像を俯瞰できるよう、ご提案しています。

広告やマーケティングの目的は、"商品を売る"ことに尽きます。Webサイトもパンフレットも、あくまで手段に過ぎません。このことを意識した上で、設計図づくりに取り組んでいただきたいと思います。

「顧客の創造」の本質とは、失敗を重ねながら成功にむかうプロセス

企業の目的は、顧客の創造である——

これは、ピーター・F・ドラッカーの有名な言葉ですが、「顧客の創造」は経営リーダーにしかできない仕事です。

たしかに、経営者の仕事には、組織づくり、財務、投資、環境整備などさまざまな仕事があります。しかし、顧客がいなければ、ビジネス自体が成り立ちません。マーケティングとは、顧客を生み出すための活動そのものです。

僕自身、起業してからというもの、ひとりの経営者としてこの課題と対峙してきました。たくさんの著書も読み、多くのセミナーにも参加。通勤時間は、つねにオーディオ教材で学びました。そのなかで感じたのは、学者やコンサルタントの知見、フレームワークを使った大企業むけのマーケティング理論は、あまり参考にならないということ。これらは、ビジネスと真剣勝負で生きる経営者や実務家、あるいはその道を追求するプロが、十数年とか数十年かけて、ようやく得ることができる「本質」に欠けていると感じるからです。

一方、多くの成功する経営者の共通点は、自ら行動して新たな市場を生み出していること。つまり、マーケティングなしに企業の成長はあり得ません（ご本人はマーケティングという言葉を意識していないこともありますが……）。しかもその多くは、「前例がない」「やってもムダだ」という既成概念を超えて、何度も何度も失敗をくり返しながら、最終的には顧客ニーズの獲得に成功しています。僕は、この失敗を糧に成功に向かうプロセスこそ、マーケティングの本質だと理解しています。

あなたの会社がつくり出す製品やサービスは、きっと素晴らしいものだと思います。

しかし、それが見込客に伝わらなければ、商品の価値はないのも同然です。

本書をお読みいただき、あなたが「顧客の創造」にむけたヒントを手にしてくれたなら、著者としてこれほど、うれしいことはありません。

《謝辞》

　最初に、初めての出版で戸惑うなか、きめ細かくサポートしてくれた翔泳社の多田実央さん、秦和宏さんに感謝します。ダイレクトメールで送付した本書の企画書は、今にして思えば、粗野でエゴイスティックなものでした。その後、お二人の意見を反映することで、自分ながら良くまとまった書籍に変身したと思います。

　本書のエッセンスである、「販促の設計図」を構成する6つのパーツは、すべて会社を経営するなかから生まれました。日々の業務に努めながら、当社のマーケティング活動に協力してくれた社員のみなさんに、ここで改めて言葉を贈ります。わがままな社長ですが、ともに歩んでくれて、本当にありがとう。

　そして、土日や祝日を執筆に費やすと決めた僕を、いつもそっと見守ってくれた妻・香織へ。昼食を食べる時間が惜しいからと、毎日、こしらえてくれたお弁当は、どんな一流レストランで食べる食事よりも美味しく、格別の味わいでした。

　最後に、故郷の高知で静かに暮らしている父母、昭一郎と多美子へ。苦労して僕と弟を育ててくれた両親の愛情の深さが、この年齢になって、ようやく実感できるようになりました。大学進学での上京、転職、起業と、心配をかけてばかりでしたが、未熟ながら一歩ずつ歩んでいけるのは、お二人の支えがあったおかげです。

　本書を出版した2020年は、コロナウイルスの感染拡大を機に、大きな転換点を迎えました。

　しかし、「見込客を集めて、価値を感じてもらい、商品を売る」という活動は、決して変わるわけではありません。

　きびしい事業環境のなか、優れた商品を生み出し、その販売に努めるあなたへエールを贈りたいと思います。

　本書をお読みいただき、ありがとうございました。そして、これからも、ともに社会へ貢献していきましょう！

《参考文献》

『小予算で優良顧客をつかむ方法』神田 昌典 著、1998 年（ダイヤモンド社）

『あなたの会社が 90 日で儲かる！』神田 昌典 著、1999 年（フォレスト出版）

『社長、「小さい会社」のままじゃダメなんです！』石原 明 著、2006 年
（サンマーク出版）

『売上 2 億円の会社を 10 億円にする方法』五十棲 剛史 著、2005 年
（ダイヤモンド社）

『ウェブマーケティングという茶番』後藤 晴伸 著、2016 年（幻冬舎）

『ドラッカーに学ぶ「ニッチ戦略」の教科書』藤屋 伸二 著、2016 年
（ダイレクト出版）

『10 倍売る人の文章術』ジョセフ・シュガーマン 著、金森 重樹 訳、2006 年
（PHP 研究所）

『マーケティング脳 vs マネジメント脳』アル・ライズ 著、ローラ・ライズ 著、
黒輪 篤嗣 訳、2009 年（翔泳社）

『成約のコード』クリス・スミス 著、神田 昌典 監修、齋藤 慎子 訳、2018 年
（実業之日本社）

『使える 弁証法』田坂 広志 著、2005 年（東洋経済新報社 ）

『小さな会社★儲けのルール』竹田 陽一 著、栢野 克己 著、2002 年
（フォレスト出版）

『マネジメントへの挑戦 復刻版』一倉 定 著、2020 年（日経 BP）

『つまらないことのようだけどとても大切な経営のこと』木子 吉永 著、
2006 年（あさ出版）

『儲かる「商社ポジション経営」のやり方』北上 弘明 著、2017 年（セルバ出版）

『大富豪の起業術（上・下）』マイケル・マスターソン 著、小川 忠洋 監訳、
2011 年（ダイレクト出版）

『すぐに利益を急上昇させる 21 の方法』ブライアン・トレーシー著、
瑞穂 のりこ 訳、2004 年（東洋経済新報社 ）

『「夢のリスト」で思いどおりの未来をつくる！』ブライアン・トレーシー 著、
門田 美鈴 訳、2005 年（ダイヤモンド社）

『経営者の教科書』小宮 一慶 著、2017 年（ダイヤモンド社）

『ある広告人の告白［新版］』デイヴィッド・オグルヴィ 著、山内 あゆ子 訳、
2006 年（海と月社）

索引

著者プロフィール

中野 道良 （なかの・みちよし）

アドバンド株式会社 代表取締役
1970年高知県生まれ。明治大学理工学部建築学科卒業。印刷会社で写真製版のオペレーターとして勤務後、グラフィックデザイナーをめざして専門学校に入学する。飲食店や出力センターでのアルバイトを経て、デザイン制作会社に入社。広告代理店や大手印刷会社からの下請けとして、企業や教育機関のパンフレットの企画・制作に従事する。社長の右腕として9年半勤め、2005年に個人事業主として独立。翌2006年、アドバンド株式会社として法人化を果たす。下請けをせず100％直販、営業を置かないユニークな体制で、上場企業を中心とした取引先を次々と開拓。最大の強みは、「販促の設計図」を用いた独自のマーケティングにある。リスティング広告やオウンドメディアによるWebマーケティングと、ダイレクトメールやニュースレターなど印刷物によるアナログ手法との併用で、顧客の心理に寄り添い、行動を促すクリエイティブを提案。"広告と広報のものづくりパートナー"として、企業の成長を支援する。
https://adband.jp/

装丁・本文デザイン　植竹 裕（UeDESIGN）
DTP　　　　　　　　BUCH⁺

新規顧客が勝手にあつまる 販促の設計図
「営業スタッフを使わない」「下請けもやらない」
中小企業が売上を伸ばすための法則

2020年9月3日　初版第1刷発行
2022年1月15日　初版第4刷発行

著者　　　中野　道良
発行人　　佐々木 幹夫
発行所　　株式会社 翔泳社（https://www.shoeisha.co.jp）
印刷・製本　株式会社シナノ

ISBN978-4-7981-6641-4　　　　　　　　Printed in Japan